Table des matières

Introduction

Le Petit Prince est un texte lu et relu, non seulement en France mais dans bien des classes de langue étrangère qui se trouvent ainsi confrontées – après quelques années d'apprentissage du français – à un texte qui semble facile, puisqu'il s'agit d'un conte et que le héros de ce conte est un enfant. Or ce serait oublier qu'au-delà des éléments merveilleux qui charment les plus jeunes lecteurs, le texte du *Petit Prince* n'est pas aussi simple que son vocabulaire et sa syntaxe le laisseraient supposer, de même que le héros du conte n'a pas seulement le visage et la langue d'un enfant, curieux et naïf, mais aussi d'un homme sage, détenteur de vérités oubliées.

Le but de ce fascicule est donc d'aider les élèves à pénétrer – au-delà de l'apparente simplicité – dans un univers poétique dont le sens profond est l'ouverture sur un monde spirituel. Le texte de Saint-Exupéry offre à une classe de langue étrangère la possibilité d'aborder un style littéraire, sans avoir à accomplir une fastidieuse recherche de vocabulaire.

Bien qu'étant bref, *le Petit Prince* peut aussi servir d'introduction à l'œuvre de Saint-Exupéry, puisque, tout en se distinguant par sa forme des autres livres de cet auteur, il reprend et peut-être même approfondit les grands thèmes qui lui sont chers: l'enfance, la solitude, le désert et la soif, la stérilité de notre planète … C'est pourquoi citations et textes annexes, tirés en particulier de *Terre des Hommes, Lettre à un Otage* et *Pilote de Guerre,* ont été intégrés à ce livret, afin de donner au conte sa véritable dimension.

Différentes perspectives s'ouvrent à une interprétation du *Petit Prince.* Au-delà de l'analyse du texte dans le cadre d'un genre littéraire, celui du conte merveilleux, le maître pourra retenir quelques analogies avec le conte philosophique et se pencher alors sur la critique envers notre monde que l'écrivain formule par la bouche du narrateur et du petit prince, les deux personnages étant tantôt unanimes, tantôt en désaccord. Mais il cherchera avant tout à faire découvrir à sa classe pourquoi ce texte a connu, malgré ses racines historiques et ses résonnances autobiographiques, un succès aussi éclatant, non seulement au moment de sa parution, en Amérique et en France, mais longtemps après et dans le monde entier. L'essentiel de l'interprétation cherchera donc à dégager les vérités «éternelles» et «universelles» transmises par ce texte, qui pourrait apporter aujourd'hui encore une réponse à l'inquiétude de ses jeunes lecteurs.

Ce livret du maître propose:
– un plan d'étude du texte original découpé en «unités»,
– une série de devoirs de préparation à chaque unité,
– une analyse détaillée de ces séquences sous la forme d'un commentaire accompagné de tableaux et questions et
– un choix de documents et textes annexes.

Au début de chaque unité figure une introduction faisant apparaître les points essentiels du passage à commenter. Cette introduction est suivie d'un certain nombre de conseils didactiques. Bien entendu, la méthode proposée (travail de groupe, commentaire dialogué, etc.) n'est qu' une suggestion que le maître adaptera au niveau et aux habitudes de sa classe.

Les tableaux reprennent les phrases clés du texte et les commentent brièvement ou bien résument les résultats d'exposés. Elaborés spontanément au cours de l'entretien, ou présentés par le maître en guise de corrigé, ils permettent d'offrir et de fixer le vocabulaire nécessaire à l'interprétation orale et écrite. Réalisés sur transparents, ces tableaux peuvent servir à diverses reprises, au fil de l'analyse, et remplissent alors la fonction d'aide-mémoire.

Afin d'être un guide dans des classes de différents niveaux, ce fascicule prévoit une analyse par étapes, qui commence par une phase d'approche du texte avant d'aboutir à une interprétation approfondie ou une transposition. Le maître placera l'accent sur l'une ou l'autre de ces phases, selon les aptitudes de sa classe.

Il est recommandé d'utiliser – parallèlement au texte original – l'enregistrement, qui permet de sensibiliser la classe à la légèreté, l'humour, la gravité ou le merveilleux du texte, bref au charme propre à ce conte, qu'une interprétation faite avec trop d'insistance risquerait d'effriter.

1. Vie et œuvre de l'auteur

- Présentation de la vie et l'œuvre de Saint-Exupéry, accent mis sur le contexte historique des années 39–45
- Lecture de la dédicace du *Petit Prince*
- Lecture de l'extrait de *Lettre à un Otage*

Analyse et suggestions pédagogiques

Cette présentation poursuit un double but:
– permettre à la classe de faire connaissance avec Saint-Exupéry et en même temps lui rappeler le contexte historique des années 1939–1945, sans lequel les particularités de cette biographie restent obscures;
– mettre en évidence l'étroite corrélation entre la vie et l'œuvre de l'écrivain, soulignée par la transparence des titres de ses livres et dégager quelques points essentiels qui éclairent son œuvre, en particulier (a) l'importance de son enfance, thème central du *Petit Prince,* (b) le choix de l'aviation comme métier et ce que cela signifiait à cette époque, (c) les qualités humaines que sa biographie sous-entend et qui sont devenues les piliers de sa philosophie.

Selon le niveau de la classe, le maître pourra procéder ainsi:
- Distribution du texte polycopié (biographie et fiche historique p. 56–59), préparation individuelle avant la première heure de cours; mise en relief des points les plus importants. Exposé de quelques élèves au début du cours.

Alternative: après la distribution de la fiche historique que les élèves lisent attentivement à la maison, présentation par le maître de la biographie de Saint-Exupéry (le cas échéant, usage d'un transparent découvert au fur et à mesure de l'exposé). Résumé des points essentiels par la classe.

- Lecture de la dédicace:

– souligner et expliquer les deux aspects apparemment contradictoires: l'auteur s'adresse aux enfants, tandis qu'il dédie son livre à un adulte,
– préciser, à travers cette dédicace, l'intention de l'auteur en écrivant *le Petit Prince* (consolation envoyée d'exil à un ami qui souffre dans la France occupée).

- Lecture de l'extrait de *Lettre à un Otage* (texte voir p. 59):

Outre l'éclaircissement qu'il apporte sur la personne de Léon Werth et l'accent qu'il met sur l'attachement de Saint-Exupéry à sa patrie, le texte révèle un thème cher à l'écrivain et qui constitue la trame du *Petit Prince:* la valeur des relations humaines. De plus, l'extrait est si caractéristique pour la langue de l'auteur que les élèves devraient être en mesure de découvrir seuls l'originalité du passage (successions d'images et de métaphores). Ils seront ainsi préparés à l'optique nécessaire pour une juste lecture du *Petit Prince* qui consisterait à reconnaître intuitivement la dimension symbolique du langage. Au maître de choisir comment présenter ce texte, soit lecture et commentaire dans un bref dialogue, ou traduction d'un ou deux passages.

2. Le prologue: le monde des enfants et le monde des adultes

- Narrateur-enfant / Narrateur-adulte
- Opposition entre le monde des enfants et le monde des adultes

Analyse et suggestions pédagogiques

Le chapitre I a la fonction d'un prologue, car il permet au narrateur de se présenter en rappelant des événements bien précis qui remontent à son enfance et le poursuivent encore à l'âge adulte. Celui-ci entre personnellement en scène, choisissant de s'exprimer à la première personne: il est donc non seulement narrateur mais aussi personnage. Le fil d'Ariane qui traverse sa vie est fait de ses relations décevantes avec les grandes personnes, même lorsque s'est annulé l'écart d'âge entre elles et lui.

L'analyse du chapitre I consistera à mettre en relief:
– les deux visages du narrateur, enfant et adulte;
– l'opposition entre les deux mondes qu'ils représentent respectivement.
Cette double distinction s'enchevêtre au fil des pages et constitue la base du récit. Elle prépare à l'irruption du petit prince-enfant dans l'univers du pilote-adulte et au dualisme de l'âme du narrateur-adulte, encore déchirée entre ces deux visions du monde. Il serait aussi intéressant d'attirer l'attention des élèves sur le style du passage et le ton humoristique qui le caractérise.

Devoirs de préparation:

- Lecture du chapitre I, préparation sémantique.
- Jeu d'associations sur les mots «forêt vierge» et «jungle». Les élèves notent sous forme de mots clés ce qu'ils associent au terme proposé. (Double effet: déclencher l'imagination, qualité primordiale dans ce chapitre, et replonger dans l'univers de l'enfance.)

- Questions d'approche

1. A quelle personne le récit est-il écrit?
2. Quels sont les temps employés par l'auteur?
3. Quelles périodes de sa vie évoque-t-il?
4. Qui fait l'objet de sa description?
5. Essayez de formuler en une phrase l'intention du narrateur.
6. En quoi consiste «l'action» de ce premier chapitre?

Corrigé du devoir:

Lecture du chapitre par le maître. Les élèves suivent le texte, livre ouvert, afin de pouvoir être attentifs aux dessins de l'auteur.
Reprendre les questions posées et préparées, en faisant apparaître les éléments du tableau ci-dessous. Les intégrer dans un bref résumé.

récit à la 1ère personne	narrateur: auteur et personnage
récit au passé - imparfait - passé composé - plus-que-parfait - absence de passé simple	rappel de souvenirs récit hors récit? langage enfantin
deux périodes	passé lointain (six ans): enfance passé proche: pilote, âge adulte
autres acteurs	grandes personnes
propos du narrateur	souligner l'opposition enfants/ grandes personnes

Résumé

Le narrateur-enfant a vu dans un livre un dessin qui l'a impressionné. Après réflexion, il a essayé, lui aussi, de dessiner, mais il s'est heurté à l'incompréhension des grandes personnes qui l'ont découragé et orienté ainsi vers une nouvelle carrière, celle de pilote. Le narrateur-adulte a cependant continué à juger les grandes personnes d'après leur réaction à son dessin et sa déception n'a fait que s'accroître.

Travail de groupe (Résultats cf. le tableau à la page 9)

– En vous penchant sur le texte, nommez les choses qui intéressent respectivement les enfants et les grandes personnes.
– Comparez-les et essayez d'interpréter ces exemples choisis en réfléchissant sur leur signification.
– Mentionnez les deux qualités que le narrateur a toujours recherchées chez les grandes personnes et celles qui comptent effectivement à leurs yeux (compréhensif, lucide / sérieux, raisonnable).

Le narrateur-enfant/le narrateur-adulte

	le monde des enfants		le monde des adultes		
ESSENTIEL	fascination peur	la forêt vierge la jungle	le bridge le golf	jeux de société aux règles précises	SUPERFICIEL
	vécu → vivre la réalité	les aventures histoires vécues	la politique les cravates	sujet dit «sérieux» mode: banalité	
	vie/mort	fauve englouti par le serpent boa	sujets impersonnels conversation mondaine		
	mystère de la disparition	serpent boa qui digère un éléphant	= chapeau	esprit terre à terre	
	imagination		manque d'imagination et de compréhension		
	les enfants voient les choses dans leur unité = extérieur + intérieur réalité profonde		les adultes ne voient que l'extérieur réalité superficielle		

Message le passage à l'âge adulte est un appauvrissement.

Sentiment déception face à l'incompréhension des adultes.

Expression légèreté et humour (qualités enfantines); création d'un monde inversé où les enfants sont supérieurs aux adultes et les jugent.

Questions

1. Pourquoi le narrateur a-t-il été marqué par le dessin du serpent qui avale un fauve?

Le dessin du serpent boa qui avale un fauve provient d'un livre sur la Forêt Vierge: l'enfant est à la fois fasciné par le monde de la jungle à cause du dépaysement et des aventures qu'il lui suggère, mais en même temps il est rempli de frayeur en imaginant tous les dangers qu'il recèle. Le titre de ce livre permet d'avancer que ce dessin cristallise la peur que ressent l'enfant devant les mystères et les dangers de la Vie («Histoires Vécues»). Cette étrange scène d'engloutissement éveille dans son inconscient la peur d'être happé par la Mort et le confronte au mystère de la disparition.

2. Que peut représenter le dessin n° 1 fait «après réflexion» par le narrateur en personne? Comparez-le au dessin du livre sur la Forêt Vierge.

Le dessin choisi par le narrateur-enfant résume ses réflexions sur les aventures de la jungle et ce qu'elles déclenchent en lui (d'où la question posée aux adultes qui n'est pas: «Qu'est-ce que c'est?» mais «mon dessin vous fait-il peur?»). L'éléphant – animal sympathique et fort aux yeux des enfants – a remplacé le fauve. Est-ce que cela veut dire que l'enfant a intuitivement compris que même ces qualités ne protègent pas du danger que symbolise le serpent et qui guette l'homme à tout instant? (Le motif du serpent, incarnation de la mort, est repris aux chapitres XVII et XXVI.)

3. *Décrivez les réactions des grandes personnes aux deux dessins du narrateur et expliquez-les.*
L'enfant semble avoir un besoin vital d'interroger les grandes personnes pour savoir si elles partagent son inquiétude. Or, les adultes ne comprennent pas la question de l'enfant parce qu'ils s'arrêtent à l'extérieur des choses et restent incapables de deviner l'intérieur. Le fait que rien d'autre ne leur vienne à l'esprit qu'un chapeau témoigne de leur manque d'imagination et de leur esprit terre à terre. Aussi l'enfant reste-t-il seul avec son angoisse. Le deuxième dessin ne les satisfait pas non plus, parce qu'il représente ce qui ne peut être: l'extérieur et l'intérieur. Or, les adultes refusent ce genre d'interprétation irrationnelle de la réalité.

4. *Analysez soigneusement la position du narrateur-adulte face aux grandes personnes. A-t-il l'impression d'appartenir à ce groupe? Quel jugement porte-t-il sur elles?*
«Les grandes personnes ne comprennent jamais rien toutes seules ...»(**10**,14–15); «J'ai beaucoup vécu chez les grandes personnes. Je les ai vues de très près. Ça n'a pas trop amélioré mon opinion» (**10**,25–27).
Le narrateur-adulte se distancie des autres adultes sur lesquels il porte un jugement. Il exprime sa déception devant le fait que le passage de l'enfance à l'âge adulte ne corresponde pas à un progrès mais au contraire à un appauvrissement. Devenant «sérieux» et «raisonnables», les adultes perdent d'autres qualités essentielles: la compréhension et la «lucidité», ainsi que la force de l'imagination.
Le langage et le style qu'il emploie, le fait que le dessin de son enfance soit encore le test d'après lequel il juge les autres, le sourire qui traverse son récit et s'oppose diamétralement au sérieux des adultes, prouvent qu'il a en partie gardé son âme d'enfant.

5. *Quel ton choisit-il pour formuler ses observations? D'où vient cet effet?*
Ce chapitre est donc un hymne à l'enfance et une critique adressée aux adultes, mais exprimée avec légèreté et humour. Le narrateur fait surgir un monde inversé, dans lequel les petits comprennent la vie, expliquent les choses aux grands, bref, sont obligés de s'abaisser à leur niveau. Le ton reste bienveillant et conciliant comme le témoigne l'exemple comique du savoir qui est «très utile» puisqu'il permet de «reconnaître, du premier coup d'œil, la Chine de l'Arizona» (**10**,21–22).

Devoirs

- Lecture du chapitre II, préparation sémantique.
- Résumez brièvement les circonstances de la rencontre entre le narrateur et le petit prince.

- Faites la description du petit prince, d'après le dessin de l'auteur (**13**) en soulignant le côté merveilleux du personnage.
- Exercice de grammaire (but: révision du style indirect, préparation au résumé oral).

Transformez au style indirect les phrases suivantes en utilisant le passé composé dans les phrases principales:
Dessine-moi un mouton, me dit l'enfant.
Qu'est-ce que tu fais là? lui demandai-je.
Je ne veux pas d'un éléphant dans un boa, me répondit-il.

3. L'apparition du petit prince ou la confrontation des deux mondes

- Le désert, cadre extérieur et symbole / Introduction au chapitre II
- L'apparition du petit prince

Analyse et suggestions pédagogiques

La troisième unité se consacre à l'étude du chapitre II, celui de l'apparition du petit prince, autour de laquelle le véritable récit s'organise. Le narrateur ressuscite des instants vieux de six ans d'une façon si vivante que leur signification apparaît avec évidence au lecteur: la date de la rencontre représente effectivement une césure dans la vie du narrateur marquée jusqu'alors par la solitude, conséquence de l'incompréhension des grandes personnes, évoquée dans les pages du chapitre I: «J'ai ainsi vécu seul ... jusqu'à une panne dans le désert du Sahara ...» (**11**,11–13).

Cette rencontre coïncide aussi avec l'irruption du merveilleux dans le récit qui devient alors conte, de même que d'après les mots de Saint-Exupéry, «le sable du désert devient pelouse de contes de fées». Cet aspect du récit pourra être étudié tout au long des chapitres: la question se posera dans quelle mesure les nouveaux éléments correspondent au schéma traditionnel du conte ou s'en écartent.[1]

---

1 Cet aspect a été analysé de façon détaillée par Marie-Anne Barbéris dans *Le Petit Prince de Saint-Exupéry*, Paris: Larousse, 1976. Ouvrage de référence: Vladimir Propp, *Morphologie du conte*, Paris: collection Point, Seuil, 1970.

La compréhension du récit sera plus facile pour la classe s'il lui est permis d'imaginer l'expérience réelle de l'auteur, dans le désert, que le narrateur a choisi non seulement comme cadre extérieur mais aussi comme espace à dimension symbolique. Des souvenirs personnels de Saint-Exupéry tirés d'autres œuvres, en particulier les allusions à son enfance, aux mirages des sables, aux différentes facettes du Sahara, éclaireront le texte de ce chapitre et le choix de ce personnage insolite que représente le petit prince.

Le désert, cadre extérieur et symbole

• Ce qu'évoque le mot «désert»

Le maître pourra montrer aux élèves quelques photos ou diapositives sur le désert (p.ex. livre illustré *Mit Wüste leben,* C. Neunzeit, Lahn Verlag Limburg, 1981; ou la série de diapositives «Nomaden in der Wüste», Klett Verlag, Klett-Nr. 996689). Le but de cette présentation est de faire naître, à partir des images, des symboles que les élèves noteront par association sous forme de mots clés. Ce jeu mettra sans doute en évidence la prédominance d'associations négatives. Parallèlement, le maître pourra attirer l'attention des élèves sur un phénomène récent: l'attraction qu'exerce le désert sur l'homme moderne, las de la civilisation. Demander à la classe ce que le désert peut offrir dans ce cas.

aspects négatifs	aspects positifs
sécheresse	aventure
soif	dépaysement
mort	fuite de la civilisation
pauvreté	méditation (sens biblique)
vide	découverte de soi
ennui	retour à l'essentiel
solitude	etc...

• Notion de sens propre et sens figuré

Choisir quelques phrases qui contiennent le mot «désert» avec des significations différentes et demander aux élèves d'expliquer à chaque fois le sens du mot (substantif, adjectif ou verbe).

Le Sahara est un désert (= étendue de sable caractérisée par la sécheresse et la pauvreté de la végétation).

Robinson Crusoé sur son île déserte (= inhabitée).

Le Désert de l'amour, titre d'un roman de Mauriac.

«On ne peut même pas être infidèle ... Infidèle à quoi? Désert de l'homme!» Saint-Exupéry

Etymologie:
desertus = abandonné
déserter un lieu = le quitter
déserter une cause = renier, trahir, passer à l'ennemi (cf. le déserteur)
Remarque: prédominance de la note négative.

Pour achever cette phase de préparation au chapitre, qui doit être rapide, il est conseillé de présenter les textes annexes (voir p. 59–61) qui reflètent l'expérience personnelle de Saint-Exupéry. Etant donné que les devoirs pour le cours suivant sont – théoriquement – déjà faits, le maître pourrait polycopier ces textes annexes que les élèves liraient seuls (extraits de *Terre des Hommes*). Le maître se contenterait alors de faire le lien entre ces passages et le chapitre sur l'apparition du petit prince. L'extrait de *Lettre à un Otage,* «La magie du désert», plus difficile, ne sera lu que dans une classe avancée. Il peut être mis de côté (et, le cas échéant, préparé en version) jusqu'au chapitre XXIV.

L'apparition du petit prince

- Audition du passage par le biais de la cassette, afin de sauvegarder l'effet magique de l'apparition. Les élèves n'ont sous les yeux que le portrait de l'enfant.
- Explication du passage sous forme de commentaire dialogué.

Mettre en relief les différences d'attitude entre le pilote et le petit prince. Le petit prince est un représentant typique du monde des enfants, tandis que, dans ce chapitre et à l'opposé du chapitre I, le narrateur apparaît plus proche des adultes. Constatation importante, parce que cet écart sera repris au chapitre VII et surtout résumé symboliquement au chapitre XXIV. Il s'agit parallèlement de noter la ressemblance existant entre le petit prince et le narrateur-enfant, en ce qui concerne leur vision des choses.

Questions (voir aussi le tableau à la p. 14)

1. Décrivez la situation du pilote au moment de sa rencontre avec le petit prince. En quoi le narrateur apparaît-il sous un autre jour que dans le chapitre I?
Le narrateur a dans ce chapitre un tout autre visage: le sourire détendu a fait place à une expression préoccupée. Le pilote est en effet dans une situation critique; la réparation du moteur est pour lui «une question de vie ou de mort» (**11**,17). Prisonnier des circonstances et de la réalité du désert, il est loin d'être disponible pour une telle rencontre.

2. Pourquoi le narrateur est-il si surpris de voir cet enfant? Relevez les expressions qui confirment cette impression et, en vous penchant spécialement sur la forme de l'apparition et l'apparence du petit prince, cherchez-en les motifs.
Le cadre du désert est la concrétisation du sentiment de solitude ressenti par le narrateur («plus isolé qu'un naufragé sur un radeau» **11**,20–21). L'apparition d'un

L'apparition du petit prince ou la confrontation des deux mondes

le narrateur-adulte		le petit prince	
désert, panne, réparation, soif: «question de vie ou de mort» (**11**,17)	prisonnier des circonstances	détaché de ces contingences	«ni égaré, ni mort de fatigue ni mort de faim, ni mort de soif, ni mort de peur» (**12**,13–14)
	occupé et préoccupé	exigence précise	«dessine-moi un mouton» (**11**,24)
«aussi absurde que cela me semblât ... (mauvaise humeur)» (**12**,23–29)	dérangé pour des futilités	insistance qc d'essentiel	répétition (quatre fois) entêtement
«je me rappelai ...» (**12**,26)	résurrection de l'enfance		
«je refis l'un des deux seuls dessins dont j'étais capable» (**12**,32–**14**,2)	dessin du boa fermé	compréhension et refus catégorique	«Non! Non! Je ne veux pas d'un éléphant dans un boa.» (**14**,5–6)
«alors, j'ai dessiné ...» (**14**,9)	exécution de mauvais gré	insatisfaction	«celui-là est malade» (**14**,11)
«je dessinai ...» (**14**,13)			«c'est un bélier» (**14**,17)
«je refis encore mon dessin» (**14**,18)			«celui-là est trop vieux» (**14**,21)
«j'avais hâte ... je griffonnai ce dessin-ci» (**14**,23–25)	dessin de la caisse avec le mouton		«C'est tout à fait comme ça que je le voulais!» (**14**,31–**15**,1) «crois-tu qu'il faille beaucoup d'herbe» (**15**,1)
manque de disponibilité, de temps, de patience	dessin inerte	réalité vivante	«Il pencha la tête vers le dessin: ... Tiens! Il s'est endormi» (**15**,7–8)
narrateur-enfant/petit prince voient l'intérieur			

être humain lui semble incroyable, et quel être humain! Un enfant réel et irréel à la fois: il a les traits nécessaires pour que son existence réelle ne fasse pas de doute (visage humain, vêtements, langage), mais il possède en même temps les attributs d'un personnage de conte (âge et sexe indéfinis, costume de prince, cheveux d'ange, bottes de voyageur). La façon dont il apparaît est aussi magique: il est là, comme surgi d'un coup de baguette de fée (effet souligné par l'absence d'arrière-plan sur le dessin et le choix de la parole en guise de signalement). De plus, le narrateur insiste sur le fait que le petit bonhomme ne porte pas de traces qui pourraient éclaircir le mystère («ni égaré, ni mort de fatigue» **12**,13). Au réalisme des circonstances extérieures vient donc se mêler le merveilleux du conte: face au pilote harassé se dresse un enfant-prince. Fruit de l'imagination? Mirage? Ou dédoublement de personnalité?

3. Examinez la première phrase prononcée par le petit prince: «S'il vous plaît ... dessine-moi un mouton!» Quelle est l'anomalie grammaticale? Comment l'expliquer? Que pensez-vous du contenu de cette demande?

La façon dont le petit prince aborde le narrateur ajoute à la surprise de ce dernier. La phrase qu'il prononce a deux registres, le vouvoiement et le tutoiement, ce qui n'est pas rare chez un enfant et exprime ses difficultés avec la grammaire. Le petit prince s'adresse au narrateur comme on s'adresse à un adulte ou à un inconnu, puis il continue la phrase comme s'il parlait à un autre enfant ou à quelqu'un de familier. Il ne sait que penser de cet homme: est-il un étranger, c'est-à-dire éloigné de lui par son âge, ou lui est-il proche? Dans ces circonstances, la demande du petit prince ne peut que paraître absurde au narrateur.

4. En quoi le dessin du boa fermé rapproche-t-il le narrateur de l'enfant?

Le dessin du boa fermé est un pont que le narrateur jette involontairement au petit prince. Il rapproche l'un de l'autre pour deux raisons; d'une part, ce dessin replonge le narrateur dans le monde de son enfance, d'autre part la compréhension spontanée du dessin est le signe d'une communion d'âmes entre deux personnes qui partagent la même vision du monde.

5. Comment le narrateur répond-il à la demande renouvelée de l'enfant? Entre quels sentiments est-il partagé?

Le pilote est contrarié, parce qu'il se trouve dérangé dans un travail d'une importance vitale par un enfant qui s'intéresse à des bagatelles. Mais en même temps, il est envoûté par le charme qui émane de cet enfant et c'est l'unique raison pour laquelle il satisfait à ses désirs, bien qu'à contre-cœur («faute de patience ... j'avais hâte ... je griffonnai» **14**,23–25).

6. Pourquoi le petit prince refuse-t-il énergiquement les dessins de mouton?

L'enfant refuse ces dessins faits à la sauvette qui ne correspondent pas du tout à ce qu'il attend. Le décalage entre le narrateur et l'enfant s'accroît; l'enfant superpose au dessin la réalité, il «voit» un bélier vivant, un mouton «malade» ou «vieux», qualificatifs qui appartiennent exclusivement au domaine de la vie.

7. Comment l'enfant réagit-il au dessin de la caisse? Comparez ce dessin à celui du boa fermé. Montrez en quoi consistent les affinités entre le narrateur et le petit prince et le fossé qui les sépare cependant à ce moment précis.

Le dessin de la caisse satisfait pleinement le petit prince. Il peut voir ce que le narrateur voyait lui aussi dans son boa fermé. Le narrateur l'a rejoint, mais involontairement (pour en finir avec cette «absurde» distraction), dans ce monde où l'on voit l'unité des choses, l'intérieur et l'extérieur (rappel du chapitre I). Il existe donc de réelles affinités entre les deux personnages, mais en ce moment, les circonstances difficiles dans lesquelles se trouve le pilote lui ôtent la force créatrice de l'imagination. Ce fossé le sépare de l'enfant.

Remarque sur le style

L'expression du merveilleux dans ce passage s'appuie sur quelques traits caractéristiques du conte:
– l'imprécision des distances,
– la magie du chiffre mille,
– la répétition de phrases («à mille milles de toute terre habitée»), de structures («ni mort de faim, ni mort de soif»), de vœux ou souhaits («dessine-moi un mouton»).

Devoirs

- Lecture cursive des chapitres III et IV.
- Lecture attentive du chapitre V, préparation sémantique.
- Etude comparative des dessins page 25 et 23/35: description de la planète du paresseux et de celle du petit prince (facilité par la lecture du premier paragraphe du chapitre IX).
- Exercice de grammaire: révision du subjonctif à l'aide des phrases introduites par «il faut qu'on …, il faut que vous …»

Il faut faire soigneusement la toilette de la planète.
Il faut s'astreindre à arracher les baobabs.
Il faut avertir les enfants.
Il faut les prévenir du danger.

4. L'univers du petit prince

- L'univers moral: le drame des baobabs
- L'univers sentimental: l'existence de la rose

Analyse et suggestions pédagogiques

La quatrième unité porte sur la description de l'univers du petit prince tel qu'il se précise au cours des conversations avec le narrateur-pilote. Cet univers a deux facettes: d'une part, il est concrétisé par la planète où demeure l'enfant, sur laquelle pourraient pousser de dangereux baobabs et où fleurit une fleur merveilleuse; d'autre part, il correspond à une abstraction, devenant univers moral réglé par des principes clairement définis et univers sentimental dominé par l'expérience de l'amour. A partir de ce chapitre, la narration se dédouble, les souvenirs du petit prince ouvrent un nouveau récit dans le récit.

La description de cet univers se fera d'abord à travers
– le chapitre V, au cours duquel le lecteur se penchera sur le drame des baobabs, puis
– les chapitres VIII et IX qui contiennent l'épisode de la rose-femme.

La parabole des baobabs ou les principes qui règlent la vie du petit prince

Corrigé du devoir

La planète du paresseux et la planète du petit prince
La disproportion entre la petite planète et les énormes baobabs est éclatante: les arbres ont envahi tout l'espace, les racines s'enchevêtrent de telle sorte qu'elles emprisonnent le sol. Le paresseux disparaît entre les arbres; il porte la main à son front pour scruter l'horizon, or les baobabs lui masquent la vue. Une des conséquences de sa paresse est donc qu'il ne «voit» plus rien. Si les arbres continuent de pousser, il est facile d'imaginer qu'ils parviendront à l'étouffer. Il est arrivé à un stade de non-retour dont l'issue ne peut être que la catastrophe. Le choix des couleurs sombres souligne cet effet menaçant.

La planète du petit prince est propre et nette; chaque chose y a sa place (volcans, rose) et rien n'est laissé au hasard. L'ordre qui y règne n'est cependant pas naturel, il est dû au contraire aux soins permanents du petit prince qui «ramone ses volcans» et désherbe le sol. Contrairement au paresseux, il reste maître de la situation et peut embrasser du regard sa planète. Son horizon est ouvert sur le soleil et les étoiles: il «voit». L'usage de couleurs franches contribue à cet effet de netteté et d'ordre.

- Lecture dialoguée du chapitre.

Les élèves soulignent pendant la lecture les phrases qui se rapportent aux baobabs à partir de «Et en effet, sur la planète du petit prince ...» (**22**,20).

- Mise en relief de la structure de la parabole:

– distinction entre bonnes et mauvaises herbes,
– traits caractéristiques des baobabs, exemple d'herbe menaçante;
– qualités requises pour les combattre.

Questions

Résultats fixés au tableau ou sur transparent: cf. partie de droite du tableau à la page 19.

1. Qu'est-ce que le narrateur apprend sur la planète du petit prince?
2. Quelle est la différence entre les graines et les herbes?
3. Quels exemples le petit prince choisit-il pour illustrer ces graines et ces herbes? En quoi cette distinction fait-elle problème?
4. Relevez soigneusement les termes que le petit prince associe aux baobabs et analysez ainsi le danger qu'ils représentent.
5. Comment le petit prince vient-il à bout de ces baobabs?

Cette phase doit être brève, car l'essentiel de l'analyse portera sur l'explication de la parabole.

L'explication de la parabole

Analogue à la parabole du semeur dans le Nouveau Testament, le drame des baobabs est une allégorie, choisie afin de transmettre un conseil éthique.

L'image des baobabs est inattendue. Provient-elle, elle aussi, de lectures d'enfance? Ou est-ce que les circonstances historiques, l'observation de la montée du nazisme, la propagation de ses forces envahissantes et destructrices, auraient suggéré à l'auteur l'image de ces mauvaises graines qui «dorment dans le secret de la terre» (**22**,25–27), voire au fond de chacun de nous?

Si la planète du petit prince n'échappe pas au danger des baobabs (elle est comme «toutes les planètes» **22**,21), c'est qu'elle est marquée par les deux principes indissociables de la vie, le Bien et le Mal. La description de la croissance des baobabs rappelle l'extension d'un mal physique (cancer ou ulcère) et le lecteur devine que, dans ce chapitre, la planète du petit prince symbolise l'individu et que ces bonnes et mauvaises herbes représentent en lui les éléments – traits de

L'univers moral du petit prince: le drame des baobabs

dualisme de la vie		«sur la planète du petit prince, comme sur toutes les planètes»		
bien	mal	de bonnes herbes de bonnes graines	surface (visible) secret de la terre (invisible)	de mauvaises herbes de mauvaises graines
dualisme de l'individu		exemples:	problème:	
traits positifs	traits négatifs	le rosier le radis	ressemblance au départ	le baobab: «terrible»
qualités	défauts mauvaises habitudes		le sol est *infesté*	danger considérable
			on ne peut *jamais* plus s'en débarrasser	force envahissante et destructrice
			il *encombre* toute la planète	
			il la *perfore*	
			il la fait *éclater*	catastrophe
être aux aguets s'examiner intervenir se corriger à temps		remèdes:	«faire la toilette de la planète» «s'astreindre régulièrement à arracher les baobabs»	
		jugement:	travail «très ennuyeux mais très facile»	
optimisme du message		qualités requises:	discipline (contraire de la paresse)	
nécessité de s'y prendre tôt		avertissement:	«Enfants! Faites attention aux baobabs!»	

caractère, habitudes – positifs et négatifs. Le «secret de la terre», opposé à la surface visible, pourrait être alors le seuil entre les pensées et les actes, ou l'inconscient et la conscience. Dans ce cas, la «toilette de la planète» (**24**,3) serait un examen de conscience auquel l'homme devrait se soumettre «régulièrement». Il s'agirait en effet de commencer tôt à «arracher les mauvaises herbes», donc à être critique envers soi, avant que les défauts ne deviennent des habitudes.

Pourquoi le narrateur précise-t-il que ce danger est peu connu (**24**,22–23)? Est-ce une allusion critique au refus des hommes de voir leur part de responsabilité dans le cours des choses? Les paroles du petit prince, personnage à qui Saint-Exupéry prête ses propres pensées afin d'éviter de jouer le moraliste et dont il se fait à son tour le porte-parole, sont des paroles encourageantes qui reflètent l'humanisme de l'écrivain.

Il n'est pas nécessaire d'être un héros pour triompher des forces du Mal. «C'est un travail très ennuyeux, mais très facile» (**24**,6–7). Le message ne peut être plus clair: si l'homme reste aux aguets, s'il fait de la discipline l'un de ses objectifs primordiaux, il est en mesure de vaincre ces terribles baobabs!

● Réflexion à partir du tableau esquissé (voir partie de gauche du tableau à la page 19).

1. Connaissez-vous un autre texte sur les bonnes et mauvaises graines? (Allusion au texte biblique du semeur, Matthieu 13,1–8; définition des termes «allégorie», «parabole»).
2. Le motif du baobab: à votre avis, qu'est-ce qui pourrait avoir suggéré à Saint-Exupéry cette idée?
3. De quoi la planète du petit prince peut-elle être le symbole? Essayez d'appliquer cette parabole à l'être humain (transposition des bonnes et mauvaises herbes).
4. Au sens figuré, que doit faire l'homme pour maîtriser ce danger?
5. Pourquoi Saint-Exupéry se fait-il porte-parole du petit prince, après l'avoir choisi pour transmettre ce message?

● Au cours de l'exposé oral des élèves, le maître pourra glisser le vocabulaire manquant:
le phénomène – le Bien et le Mal – la qualité, le défaut – les bonnes et mauvaises habitudes – le trait de caractère – la naissance – la croissance – l'extension – la propagation – la conscience – se soumettre à un examen de conscience – être critique envers soi – s'examiner – être aux aguets – intervenir – lutter – combattre – triompher de – vaincre – l'encouragement – l'optimisme – faire preuve d'optimisme

Devoirs

● Lecture des chapitres VI et VII, bref résumé
Retenir l'allusion au «monsieur cramoisi», le point de vue du petit prince sur les fleurs en général et surtout les détails que l'enfant révèle sur la fleur qu'il possède.

• *Alternative:* exercice de compréhension en classe
Faire écouter l'enregistrement des chapitres VI et VII, livre fermé (deux fois si nécessaire). Demander aux élèves de résumer brièvement le texte en tenant compte des aspects mentionnés ci-dessus.

Résumé (chapitre VII)
Le petit prince éprouve une vive sympathie pour les fleurs et fait preuve de compréhension envers leurs réactions: «les fleurs sont faibles. Elles sont naïves. Elles se rassurent comme elles peuvent. Elles se croient terribles avec leurs épines ...» (**28**,12–14).
Il prend leur défense et se fait leur protecteur lorsque le narrateur les accuse de méchanceté. Il est si engagé que cette discussion aboutit à une explosion de colère (allusion au «monsieur cramoisi»).
En même temps, il avoue qu'il existe sur sa planète une fleur «unique au monde» (**29**,29–30). Cette déclaration est l'expression de son amour pour elle. Elle le rend heureux en donnant un sens à sa vie: «Si quelqu'un aime une fleur qui n'existe qu'à un exemplaire dans les millions et les millions d'étoiles, ça suffit pour qu'il soit heureux quand il les regarde» (**30**,5–7).

L'univers moral du petit prince: l'expérience de l'amour

Les chapitres VIII et IX développent le thème de la fleur-femme. Le narrateur reprend le fil du récit pour confier au lecteur les détails de l'expérience du petit prince avec sa rose. Cet épisode commence par la description de l'apparition de la fleur (chap. VIII) et se termine par la scène d'adieux entre le petit prince et sa bien-aimée (chap. IX).

Le déroulement de ce récit n'est cependant pas chronologique: il est interrompu à la fin du chapitre VIII par des réflexions que le petit prince a formulées ultérieurement et qui témoignent d'un cheminement dont les raisons restent encore obscures. L'épisode de cette relation amoureuse contribue à éclairer le mystère du petit prince, puisqu'il explique en partie les motifs de son départ et de son voyage.

Une transformation s'opère: le petit prince prend dans cet épisode un autre visage. Ce n'est pas en enfant qu'il parle des fleurs et de sa rose, mais en homme. Il devient ainsi le représentant du monde viril et indirectement le porte-parole de Saint-Exupéry. Le caractère de cette fleur-femme livre au lecteur une certaine image de la féminité, conforme à l'expérience de l'écrivain. Cette maturité soudaine du petit prince est visible à travers son langage fait de phrases, voire de sentences, qui reflètent la sagesse d'un homme nourrie des leçons qu'il a tirées de ses expériences.

Si l'on se réfère au cadre merveilleux du récit, il faut constater que l'introduction de cette fleur parlante suit les règles traditionnelles du conte et prépare à la rencontre du petit prince avec le renard et le serpent au langage humain. Le narrateur souligne cet effet merveilleux en évoquant pour le départ du petit prince la «migration d'oiseaux sauvages» (**34**,1–2), détail qui rappellera sans doute aux élèves le conte bien connu de Selma Lagerlöff, «Le Merveilleux Voyage de Nils Holgerson à travers la Suède».

Remarque:

Le motif de la rose apparaît à diverses reprises
– au chapitre XX, où le petit prince est confronté à une vive déception dans le jardin fleuri de roses
– et surtout au chapitre XXI, où le renard lui livre le secret des relations humaines.

- Présentation de l'épisode à l'aide de l'enregistrement, livre fermé. Il met en valeur le caractère de cette fleur-femme.
- Lecture dialoguée reprise par les élèves
- Introduction sur le motif de la rose:

Rappel de poèmes, contes, chansons, etc. connus des élèves, dans lesquels le motif de la rose apparaît. (Sah ein Knab' ein Röslein stehen – Es ist ein Ros entsprungen – Rosenstock Holderblüh – Schneeweißchen und Rosenrot, etc.) Le maître pourra aussi faire allusion au célèbre *Roman de la Rose* ou au poème de Ronsard «Mignonne, allons voir si la rose» (p.ex. dans *A travers la poésie française – Une anthologie,* Stuttgart: Klett, 1985). Ces évocations ont pour but d'éclairer la transparence du symbole que les élèves précisent brièvement.

Rapide exercice avec le texte:

Faire apparaître la double dimension de la fleur du petit prince, à partir des deux registres de vocabulaire employés pour la décrire. Classez les expressions d'après ces deux catégories.
domaine végétal: graine, brindille, arbuste, bouton, pétale, germer, croître, etc.
qualités humaines: choisir, s'habiller, ajuster, vouloir, coquette, modeste, émouvante, etc.

Analyse de l'épisode (travail de groupe)

- Groupe 1: La fleur-femme

– Description du caractère de la fleur-femme à partir du récit de son apparition et de ses paroles.
– Réactions de la fleur au moment des adieux.
– Comment jugeriez-vous, en témoin objectif, l'amour de la rose pour le petit prince? L'aime-t-elle vraiment?

- Groupe 2: L'attitude du petit prince face à sa bien-aimée

– Décrivez le comportement du petit prince envers sa fleur en mettant l'accent sur l'évolution de ses sentiments (du «coup de foudre» à la séparation).

L'univers sentimental du petit prince: sa rose

univers féminin caractère de la fleur-femme		univers viril sentiments du petit prince		difficultés
coquette	sa longue toilette	éblouissement	«vous êtes belle»	il voit les défauts de sa fleur (manque de modestie)
vaniteuse	«vous êtes belle!» «n'est-ce pas?»	respect admiratif	vouvoiement	il la trouve compliquée, contradictoire
exigeante	paravent, globe	amour	elle est «émouvante»	
autoritaire	«vous me mettrez...» (futur impératif)	dévouement	il est aux petits soins avec elle	il interprète ses gestes et paroles:
blessante	«c'est mal installé»	désillusion		elle le tourmente
égoïste	«je ... je ... je»	doute		elle veut le mettre dans son tort
absence de gentillesses dans son langage		souffrance	il devient malheureux	elle veut lui infliger des remords
		séparation		
dans la scène d'adieux:		la sagesse ultérieure du petit prince:		
elle reconnaît ses torts		«il ne faut jamais écouter les fleurs. Il faut les regarder et les respirer» (**33**,17–18)		
elle s'excuse		«J'aurais dû la juger sur les actes et non sur les mots» (**33**,22–24)		
elle avoue son amour		«J'aurais dû deviner sa tendresse derrière ses pauvres ruses» (**33**,26–28)		
elle souffre de la séparation		il reconnaît – plus tard – ses erreurs, son manque d'expérience		
elle garde sa fierté		il découvre l'amour réel de sa fleur: «elle m'embaumait et m'éclairait» (**33**,24–25)		
		il a confondu l'essentiel et ce qui est secondaire, la réalité profonde et la réalité superficielle		

– Analysez les difficultés qu'il a eues avec elle. D'où proviennent-elles? Quels reproches formule-t-il envers sa rose?
– Quel jugement porte-t-il sur cet épisode?

- Exposé des résultats, regroupés dans le tableau à la page 23.

Conclusion:

- Recherche de la fonction de cet épisode dans le récit.

- Le visage du petit prince dans ce passage.

- Mise en relief du déroulement non chronologique de la narration (**33**,16–33). Le passage sous-entend une expérience que le petit prince a faite entretemps et qui l'a mûri (p.ex. «J'étais trop jeune ... Je n'ai alors rien su comprendre.» Cf. l'expérience de l'apprivoisement avec le renard, chapitre XXI).

Devoirs

- Lire d'abord l'interprétation du voyage interplanétaire pour choisir l'une des formes de devoir proposées.

5. Le voyage interplanétaire du petit prince

- Le roi
- Le businessman
- Le géographe
- L'allumeur de réverbères

Analyse et suggestions pédagogiques

Les 6 chapitres suivants (X–XV) relatent le voyage du petit prince à travers diverses planètes, jusqu'à son arrivée sur la planète Terre (chap. XVI). Le choix des étapes de ce voyage semble arbitraire, le chiffre rappelle cependant le récit de la création du monde, achevée également le soir du sixième jour. Le lecteur, qui est surtout attentif à l'évolution des rapports entre le pilote et le petit prince, peut trouver que ce voyage est un peu une digression parce que, vu sous cet angle, il n'apporte effectivement pas d'élément nouveau. Cet épisode remplit cependant une double fonction. Dans le cadre du conte merveilleux, il constitue une étape décisive, comme le constate l'extrait suivant:

> Lorsqu'il est devenu grand, le fils du roi s'en va toujours quelque part, à la recherche d'un objet magique, d'une princesse à conquérir. Ou simplement à la découverte de lui-même. Et un beau jour, lui aussi, le petit prince s'en va. Il quitte une planète perdue dans l'espace, un tout petit monde presque vide et non pas un palais somptueux, et il en part moins pour voir le monde que pour se consoler d'un chagrin d'amour. Cependant le texte de Saint-Exupéry reste, formellement du moins, conforme au modèle des contes merveilleux: au cours de ses voyages, le petit prince découvre en effet les épreuves et les tentations de l'extérieur: à chaque fois, allant de déceptions en déceptions, il est tenté d'abandonner ou de rester là où il est enfin parvenu, puisqu'il n'a jusqu'à présent rencontré que des tares ou des ridicules chez tous ceux qu'il a visités. Mais à chaque fois aussi, poussé par le désir d'oublier son chagrin (il a été blessé par une rose) ou de trouver un secret qu'il est encore incapable de définir, il vole de planète en planète, jusqu'à la terre, où se trouve la solution. (Marie-Anne Barbéris, *Le Petit Prince de Saint-Exupéry*, Paris: Larousse, 1976, p.14.)

D'autre part, en se servant de cet élément et en utilisant les yeux d'un enfant pour considérer le monde, Saint-Exupéry a évité le risque de jouer le moraliste. Si le petit prince quitte son univers personnel, c'est – au-delà de son chagrin d'amour – pour «chercher une occupation et s'instruire» (**36**,24). Ce voyage interplanétaire est cependant bien différent de celui d'un globe-trotter: il n'est pas riche en aventures (au sens habituel); aucune couleur, ni odeur n'émanent de ces planètes visitées, dont le cadre extérieur reste indéfini. Aucun exotisme (tel que nous l'entendons) n'a émerveillé ou dépaysé le petit prince. L'intention du narrateur apparaît alors avec évidence: ce voyage est un prétexte qu'il utilise pour démasquer les vices de notre société, procédé littéraire courant qui permet d'envelopper d'humour et de légèreté une critique sociale des plus réalistes.

Ainsi s'avère-t-il que la population terrestre (chap. XVI) n'est rien que la somme, reproduite à l'infini, des exemplaires humains qui habitent chaque planète. De plus, cette énumération donne un éventail de ce que le narrateur appelle «grandes personnes», constatation par laquelle il referme habilement la boucle du récit.

La réserve polie du petit prince qui qualifie ces personnages de «bizarre», «étrange», «extraordinaire», s'oppose à l'effet que ces descriptions produisent sur le lecteur. Tout en étant des caricatures, elles n'en sont pas moins le reflet exact de notre société, dans laquelle en particulier le pouvoir ou la puissance, sous tous ses aspects, joue un rôle prédominant: pouvoir politique symbolisé par un roi à l'autorité vide de sens; pouvoir matériel, illustré par le businessman à la soif inassouvie de richesse; pouvoir intellectuel incarné par le géographe qui représente le monde de la science, mais sous le visage d'un savant sans savoir; trois exemples des valeurs qui comptent le plus à nos yeux ou du moins qui garantissent considération et prestige sociaux. L'humour de Saint-Exupéry se noircit lorsqu'il choisit un si grand nombre de buveurs pour constituer la base de notre pyramide sociale, mais peut-être est-ce une vision réaliste si le buveur inclut aussi celui qui ne peut vivre sans évasion. Quant au socle formé de vaniteux, il faut humblement constater que le narrateur a frappé dans le mille. Seul l'allumeur de réverbères jouit de son indulgence, ce qui ne va pas sans surprendre le lecteur, mais il semble qu'un aspect précis de la philosophie de l'auteur s'y rattache: sa conception de la liberté dans la contrainte. «La contrainte te délivre et t'apporte la seule liberté qui compte», écrit-il dans *Citadelle*. Ce qu'il souligne à travers cet exemple déroutant, c'est avant tout la poésie de cette activité au service des autres et exigeant de celui qui l'exerce des qualités essentielles: fidélité et sens du devoir.

● L'accent portera sur l'interprétation globale du voyage, plus que sur le détail des étapes qu'une classe au niveau avancé pourra lire seule avant de les interpréter avec le maître.

● Par contre, à un autre niveau, ces chapitres peuvent fournir un excellent exercice de devoir que les élèves pourront faire à l'aide des fiches de travail proposées et des questions destinées à guider l'analyse. Partie de gauche du tableau: résumé de l'essentiel du chapitre; partie de droite: explication (compréhension du message).

● Groupe 1: chapitre X (le roi; voir le tableau à la page 27)
1. Comparez les attributs et les titres conférés à ce roi avec son existence quotidienne et la description de son royaume. Qu'est-ce que vous constatez?
2. Relevez le contenu de quelques ordres donnés par le roi et montrez en quoi il y a une opposition entre le critère que le roi prétend choisir pour ses ordres et la réalité!
3. Pourquoi le narrateur lui confère-t-il le titre de monarque universel? Voyez-vous une différence entre les termes «monarque universel» et «monarque absolu»?
4. Que pensez-vous du pouvoir de ce roi qui règne sur les étoiles?
5. Qu'est-ce qui caractérise les vérités prononcées par le roi? Comparez-les à la pratique telle qu'elle est décrite dans ce chapitre. Quelle conclusion pouvez-vous en tirer?
6. Dites pour conclure ce que Saint-Exupéry a voulu démasquer par l'exemple de ce roi.

● Groupe 2: chapitre XIII (le businessman; voir le tableau à la page 28)
1. En tenant compte de la définition du terme «businessman» et de ses activités, caractérisez la vie de cet homme.
2. Pourquoi le narrateur lui fait-il posséder les étoiles?
3. Quel phénomène de notre société actuelle le narrateur dénonce-t-il? A votre avis, pourquoi cette mentalité règne-t-elle?
4. Trouvez des exemples qui illustrent l'humour de Saint-Exupéry.

● Groupe 3: chapitre XV (le géographe; voir le tableau à la page 29)
1. Que pensez-vous de la définition que le géographe donne de sa propre fonction?
2. Est-ce qu'il correspond à ce portrait?

Le roi

contenu thématique: autorité – pouvoir – obéissance – respect	analyse critique: exemple pour l'autorité vide de sens
attributs extérieurs manteau de pourpre et d'hermine trône très simple mais majestueux **titres** Sire, Majesté; monarque absolu; monarque universel **fonctions** régner, donner des ordres; nommer ministres, ambassadeurs; juger, grâcier **principes** exiger l'obéissance, ne pas tolérer l'indiscipline **langage** reflet de sa fonction – ordres, interdictions: je t'ordonne, je t'interdis verbes à l'impératif, futur impératif	**son existence:** il s'ennuie («Ah! voilà un sujet») il est vieux (come l'idée politique qu'il incarne) mais il n'a pas encore fait le tour de son royaume! **son royaume et ses sujets** un minuscule royaume sans sujet (sauf un rat!) cf. dessin **ses ordres** bâiller, ne pas bâiller s'asseoir, interroger, etc. critère prétendu: être raisonnable réalité: absurde roi: semblant de bon sens **son pouvoir** un semblant de pouvoir (ex. coucher de soleil) ironie du qualificatif inventé: monarque universel
ses vérités (maximes) «Il faut exiger de chacun ce que chacun peut donner» (**40**,5–6) «L'autorité repose d'abord sur la raison» (**40**,6–7) «J'ai le droit d'exiger l'obéissance parce que mes ordres sont raisonnables» (**40**,8–9) «Il est bien plus difficile de se juger soi-même que de juger autrui» (**41**,5)	**interprétation** mélange de sagesse et d'absurdité contraste entre principes et réalité vérité transmise par la bouche du roi au nom de Saint-Exupéry

Le businessman

le businessman: l'homme d'affaires	analyse: symbole du matérialisme insatiable
déjà mentionné le «monsieur cramoisi» (chap. VII, p. 29)	**jugement du petit prince sur cet homme** (chap. VII) comparaison du pilote avec ce monsieur: vif reproche
définition du terme «businessman» busy: affairé business: les affaires	**conception de la vie** vie = travail ininterrompu aveuglement de cet homme qui ne participe plus au monde vivant (obsédé par les chiffres, il ressemble à une calculatrice)
phrases clés pour définir le businessman «pas le temps» «j'ai tellement de travail» «je suis sérieux, moi» (4 fois) «je les possède» «ça me sert à être riche» ça me sert «à acheter d'autres étoiles» «je gère, je compte, je recompte» je place «en banque»	**son activité** dépourvue de sens, absurde la routine le rend stupide elle lui fait même oublier le but de son travail (difficultés à trouver le mot «étoile») **richesse du businessman** étoiles: illusion de l'or absurdité de cette possession (constatée par le petit prince: «tu n'es pas utile aux étoiles») escalade sans fin (nombre infini d'étoiles)
opinion de Saint-Exupéry «En travaillant pour les seuls biens matériels, nous bâtissons nous-mêmes notre prison. Nous nous enfermons solitaires avec notre monnaie de cendre qui ne procure rien qui vaille de vivre» (*Terre des Hommes*, p. 35)	**humour de Saint-Exupéry** le sérieux du businessman opposé à l'absurdité de sa vie la recherche du mot «étoile» en passant par mouche, abeille, etc. le langage chiffré du businessman, lorsqu'il explique combien de fois il a été dérangé **critique du matérialisme insatiable**

Le géographe

le géographe: l'homme de science	critique: science, lettre morte
attributs d'énormes livres	**contraste** entre la majesté de la planète et le manque d'expérience du géographe
définition de sa fonction «un savant qui connaît où se trouvent les mers, les fleuves, les villes ...» (conception populaire traditionnelle!)	entre l'ignorance du géographe et la curiosité, le bon sens du petit prince
distinction entre géographe = homme de la théorie explorateur = homme de la pratique	allusion à la prétendue importance et supériorité du géographe (opposée à la modestie du petit prince) arrogance du théoricien
critères scientifiques moralité des explorateurs preuves	**exemples d'humour** «enquête» de moralité (pour écarter buveurs et menteurs) prudence des savants («on note d'abord au crayon, puis à l'encre») nécessité de preuves que personne ne vérifie preuves absurdes: grosses pierres = grosse montagne
conception de la science livre de vérités éternelles (contr. éphémère)	allusion critique à la croyance de chaque savant en la supériorité de sa propre discipline critère absurde: «les géographies ne se démodent jamais»
«Que les volcans soient éteints ou soient éveillés, ça revient au même ... Ce qui compte pour nous, c'est la montagne. Elle ne change pas.» (**56**,19–22)	*sourire de Saint-Exupéry, lui même explorateur: une telle science est loin de la réalité vivante; elle n'est que lettre morte*

3. Quelle différence fait-il entre géographe et explorateur (tâche et rang)? Que dénonce le narrateur dans ce contexte?
4. Montrez comment le narrateur se sert de l'attitude du petit prince pour saper la supériorité du savant! (Comparez, à cet égard, les qualités dont chacun fait preuve au cours de ce dialogue.)
5. Pourquoi, d'après le géographe, sa discipline est-elle la première des sciences? Que pensez-vous de ses arguments?
6. Relevez dans le passage les lignes qui expriment le mieux la critique que Saint-Exupéry désire formuler et expliquez-les.

• Le chapitre sur l'allumeur de réverbères sera traité en classe, car il peut faire problème (cf. le tableau à la page 31 et les remarques ci-dessous).

Il est possible que les élèves aient quelques difficultés avec le contenu thématique de ce chapitre, en particulier avec le terme «consigne». Un essai d'explication de ce mot et de son origine militaire (ordre) fera surgir éventuellement des associations purement négatives – «Befehl ist Befehl, Dienst ist Dienst» – qui rappelleront peut-être l'alibi de soldats accusés de crimes de guerre. Il sera donc nécessaire de choisir un exemple positif du terme consigne, soit le sens et la nécessité de la consigne pour le pilote, dans le sens de règles ou règlement à observer en soulignant la nécessité d'y obéir afin de survivre: discipline au service de la vie et non de la mort, comme dans le cas précédent.

• Au cours de l'analyse, mettre l'accent sur l'opposition des jugements que l'allumeur porte sur sa tâche et ceux du petit prince dont les critères sont d'un autre ordre.

• Lors de la lecture du texte, faire souligner d'une couleur les remarques importantes que l'allumeur fait sur son travail, d'une autre couleur celles du petit prince.

• Les regrouper dans un tableau (p. 31) en essayant de les opposer.

• Questions
1. Quelle différence le petit prince fait-il entre cet allumeur de réverbères et les habitants des autres planètes?
2. D'après quels critères le petit prince juge-t-il cette activité?
3. Dans quelle mesure l'allumeur de réverbères ne partage-t-il pas l'opinion du petit prince? Relevez et expliquez les remarques qui éclairent son point de vue.
4. Quels sentiments le petit prince éprouve-t-il envers cet homme et comment se manifestent-ils?
5. Quelles qualités cet homme possède-t-il aux yeux de Saint-Exupéry?
6. Est-ce que précisément cet exemple ne pourrait susciter une réaction contraire: critique et inquiétude? Quels dangers peuvent se cacher derrière le visage de l'allumeur et l'idéologie qu'il incarne?

L'allumeur de réverbères

l'allumeur	opposition différentes perspectives		le petit prince
«la consigne, c'est la consigne» (**50**,14–15) «il n'y a rien à comprendre» (**50**,14)	*obéissance aveugle*	*fidélité à un principe*	il «aima cet allumeur qui était tellement fidèle à la consigne» (**52**,6–7)
«un métier terrible» (**50**,19) «je n'ai plus une seconde de repos» (**50**,29)	*absence de détente, de loisir*	*force créatrice*	«au moins son travail a-t-il un sens» (**49**,23–24)
«c'était raisonnable autrefois» (**50**,19–20)	*perte de sens, d'utilité*	*valeur esthétique* *poésie*	allumer = faire naître une étoile ou une fleur éteindre = endormir «C'est une occupation très jolie. C'est véritablement utile puisque c'est joli.» (**50**,1–2)
«ce n'est pas drôle du tout» (**52**,1) «ce n'est pas de chance» (**52**,23)	*insatisfaction* *résignation?*	*respect* *service des autres* *sens du devoir*	«c'est le seul qui ne me paraisse pas ridicule. C'est, peut-être, parce qu'il s'occupe d'autre chose que de soi-même» (**52**,28–30)
	sympathie du narrateur et du petit prince		«Celui-là est le seul dont j'eusse pu faire mon ami.» (**52**,32)

- Le chapitre XVI permettra de tirer un bilan de ce voyage.

Notre pyramide sociale

111 rois

7 000 géographes

900 000 businessmen

7 500 000 ivrognes

311 000 000 vaniteux

= 2 milliards de grandes personnes

- Deux textes annexes sont proposés: un extrait de *Terre des Hommes* qui éclaire la conception d'un tel voyage en le replaçant dans le cadre de l'expérience du pilote Saint-Exupéry (voir l'annexe, page 62) et un texte de Montesquieu, tiré des *Lettres Persanes* (voir page 63), dans lequel l'auteur se sert du même procédé littéraire que Saint-Exupéry (trait commun avec les contes de Voltaire, *L'Ingénu* ou *Micromégas)* pour exprimer sa critique envers la société.

Sujets de réflexion

1. En quoi consiste l'absurdité de notre monde telle que la démasque Saint-Exupéry?
2. *Le Petit Prince* a été écrit pendant la deuxième guerre mondiale. Trouvez-vous encore quelque actualité à cette critique sociale? Si oui, pourquoi est-ce ainsi? Ou pensez-vous plutôt que les conditions se soient améliorées?

Devoir

- Etude du dessin à la page 61.

6. Les épreuves du voyage terrestre

- La vision cosmique de Saint-Exupéry
- Le dénuement du petit prince

Analyse et suggestions pédagogiques

Cette sixième unité englobe les chapitres XVII à XX qui illustrent les aspects négatifs des expériences que le petit prince a faites sur la Terre. A la recherche de la Vie, il n'a rencontré que la Mort (chap. XVII); à la recherche des hommes, pour échapper à son désarroi, il n'a été accueilli que par le vide et le silence (chap. XVIII et XIX). Le désespoir du petit prince atteint son paroxysme lorsqu'il croit perdre le seul trésor qui lui restait, au moment où il découvre la relativité des choses (chap. XX).

La première partie du voyage de l'enfant – jusqu'à sa rencontre avec le renard – est donc faite essentiellement d'épreuves, dont la dureté se devine à travers les simples mots à la résonance biblique: «Et, couché dans l'herbe, il pleura» (**66**,5–6). Le dénuement dans lequel se trouve l'enfant, à ce moment du récit, est contenu de façon très expressive dans le dessin de la page 61 du *Petit Prince*. Une étude contrastive de ce dessin et de celui de la page 13 (déjà commenté) pourrait servir de devoir d'introduction à cette séquence (cf. le tableau à la page 34).

Introduction: La vision cosmique de Saint-Exupéry

- Le début du chapitre XVII et le chapitre XIX reflètent une vision du monde propre à l'auteur. Elle correspond à son expérience de pilote, habitué à «juger le monde à l'échelle cosmique». Deux antinomies la caractérisent: l'obsession de la stérilité et le rare éclat de la Vie. Plusieurs passages de l'œuvre de Saint-Exupéry (cf. *Courrier Sud, Vol de Nuit, Terre des Hommes*) évoquent «l'image hallucinante d'un monde sans vie», d'une «Terre sans Hommes» (R. M. Albérès, *Saint-Exupéry*, Paris: Albin Michel, 1961).

Un extrait de *Terre des Hommes*, «L'avion et la planète» est proposé pour éclairer cet aspect (voir p. 64; les deux derniers paragraphes pourraient faire l'objet d'une traduction).

Le dénuement du petit prince

- Etude du dessin à la page 61.

l'arrière-plan	
l'horizontale	absence de point de repère traits rectilignes, sans perspective ou relief couleur uniforme: jaune pâle → vide
la verticale	deux pôles: l'étoile du petit prince et son rayonnement le serpent (incarnation de la Mort)
petit prince	flou du dessin, opposé aux lignes nettes du dessin p. 13 → dissolution des choses, malaise
	vêtements imprécis, formes vagues impression d'égarement
	cheveux ébouriffés (par le flou): fatigue, peur
	bras ballants: signe de désarroi
	couleurs passées: note nostalgique de l'instant

«Je me demande si les étoiles sont éclairées afin que chacun puisse un jour retrouver la sienne. Regarde ma planète. Elle est juste au-dessus de nous... Mais comme elle est loin!» (**60**,3–6)

- Introduire le texte (chapitres XVII et XX) par l'enregistrement, sur lequel la voix du serpent, au timbre froid et métallique, transmet immédiatement l'ombre glaciale de la Mort.
- Ensuite lecture dialoguée, reprise par la classe.

Commentaire dirigé

1. Le choix du désert, comme point de chute du petit prince sur la Terre, vous semble-t-il le fruit du hasard?

Le désert a été choisi comme point de chute pour le petit prince à qui le géographe avait donné le conseil de visiter la planète Terre, car elle a «une bonne réputation» (**57**,6). Outre l'effet d'humour amer produit par ce faux enchaînement, c'est la vision cosmique de l'écrivain qui s'exprime à travers ce passage: à ses yeux, la Terre se compose effectivement de rocs, sables et sel («elle est toute sèche, toute pointue, et toute salée» **64**,1–2) et la Vie n'y fleurit que sporadiquement. C'est ce que le narrateur constate en d'autres termes quand il dit: «Les hommes occupent très peu de place sur la terre» (**59**,5).

Le désert est aussi un cadre concret, aux dimensions plus restreintes. L'écrivain-pilote, perdu plus d'une fois dans les sables du désert, sait que seule une présence humaine peut lui sauver la vie. Il a été maintes fois à la recherche des hommes:

Je vais d'abord appeler les hommes:
– Ohé!
Cette planète, bon Dieu, elle est cependant habitée ...
– Ohé! les hommes! ...
Je m'enroue. Je n'ai plus de voix. Je me sens ridicule de crier ainsi ... Je lance une fois encore:
– Les hommes!
Ça rend un son emphatique et prétentieux.
Et je fais demi-tour.
Terre des Hommes, p. 140.

Le désert et cet appel se transforment en réalité spirituelle. Le serpent le dit avec ces mots: «On est seul aussi chez les hommes» (**60**,15). La quête du petit prince se confond avec la quête du narrateur, telle qu'elle était évoquée au début du chapitre II, et elle reflète aussi la solitude spirituelle ressentie par l'auteur, tout particulièrement pendant ses années d'exil.

2. *Est-il surprenant que le serpent soit le premier être vivant que le petit prince rencontre? Relevez les expressions qui le décrivent et dites ce qu'elles vous suggèrent. Quelle intention du narrateur se cache derrière ce choix?*
Le narrateur a déjà glissé plusieurs fois des éléments bibliques dans son récit; il reste fidèle à ce choix, lorsqu'il évoque le serpent dès les premiers pas du petit prince sur la Terre. Tandis que le démon se cachait derrière le serpent de l'Ecriture, c'est la Mort que celui-ci symbolise. Les expressions qui le caractérisent sont à cet égard inattendues: le serpent ressemble à «un anneau de lune» (**59**,20), il s'enroule comme «un bracelet d'or» (**60**,27), il est «plus puissant que le doigt d'un roi» (**60**,19). Toutes ces comparaisons évitent d'introduire une note négative. Au contraire, elles sont poétiques, suggérant la fascination de la Mort exprimée par l'irrésistible attraction de cette force (rayonnement, préciosité du métal).

3. *Après avoir précisé la signification de l'animal, interprétez le dialogue entre les deux interlocuteurs. De quelle façon le serpent se présente-t-il au petit prince et lui offre-t-il ses services?*
Le dialogue entre le serpent et le petit prince est ambigu. Le petit prince réagit d'une part en enfant; innocent et pur, il découvre le monde avec une curiosité naturelle. Ignorant l'existence de tels dangers, pourquoi aurait-il peur?
Cependant, ce serpent loin d'être perfide comme celui de l'Ecriture, abaisse ses cartes. Si un doute quelconque peut encore planer sur le sens de ses paroles, lorsqu'il déclare: «Je puis t'emporter plus loin qu'un navire» (**60**,24), si le petit prince pouvait croire à une invitation au voyage, il ne peut ignorer le sens du second message: «Celui que je touche, je le rends à la terre» (**60**,28). [Il serait intéressant de comparer cette pré ence amicale de la Mort, apparaissant comme une évasion possible à la solitude, à l'image de la vague dans le récit «L'enfant de la haute mer» de Supervielle, interprété dans le recueil *Evasions – Analyses modèles*, Klett Verlag, 1984.] Or aucun signe de peur de la part du petit prince ne se devine. Cette vision de la Mort n'est-elle pas en effet la plus consolante qu'on

puisse donner à l'homme? Le serpent va d'ailleurs à la rencontre des souhaits cachés du petit prince en lui promettant l'évasion de cette terre ingrate et le retour à son monde presque idéal: «Je puis t'aider un jour si tu regrettes trop ta planète. Je puis ...» (**62**,1–2).

4. Qu'est-ce que la visite dans le jardin de roses représente pour le petit prince?
Cette visite dans le jardin de roses représente pour le petit prince l'expérience de la désillusion. Si la terre n'avait rien à lui offrir, le petit prince pouvait cependant se consoler à l'idée de posséder ailleurs un trésor. Or la découverte de l'espèce des roses réduit à néant son amour fondé sur le sentiment que sa fleur était «unique au monde»: triste relativité des choses, sanglots. Le petit prince est parvenu, à ce moment du voyage, au bord du désespoir. «Ça ne fait pas de moi un bien grand prince» (**66**,45), constate l'enfant. Narrateur et auteur sont unanimes en ce point: cette expérience douloureuse n'est épargnée à aucun adulte.

> Que reste-t-il lorsque, devenu homme, on vit sous d'autres lois, du parc plein d'ombre de l'enfance, magique, glacé, brûlant, dont maintenant, lorsque l'on y revient, on longe avec une sorte de désespoir, de l'extérieur, le petit mur de pierres grises, s'étonnant de trouver fermée dans une enceinte aussi étroite, une province dont on avait fait son infini, et comprenant que dans cet infini on ne rentrera jamais plus, car c'est dans le jeu, et non dans le parc, qu'il faudrait rentrer.
> *Terre des Hommes*, p. 109.

Devoirs

- Lecture du chapitre XXI, première partie, jusqu'à «Si tu veux un ami, apprivoise-moi» (**69**,21).

- Exercice de grammaire
Reliez ces phrases (le cas échéant, par une conjonction de coordination ou subordination), afin de n'en former qu'une:
1. Les hommes ont des fusils et ils chassent. C'est bien gênant.
2. Ils élèvent aussi des poules. C'est leur seul intérêt.
3. Ma vie est monotone. Je chasse les poules et les hommes me chassent.
4. Je ne mange pas de pain. Le blé pour moi est inutile.

- Cherchez des expressions allemandes contenant le mot «Fuchs».
Expliquez-les! Comparez l'image traditionnelle du renard à celui du récit. [Le maître pourrait distribuer, à cet égard, le texte polycopié, tiré du *Roman de Renart*; voir annexe, «Le motif du renard», p. 64.]

- Voyez-vous entre le renard et le petit prince des points de ressemblance qui permettraient de conclure à un accord «spirituel»?

- Recherchez dans votre dictionnaire l'étymologie et les sens du verbe «apprivoiser».

7. La rencontre avec le renard ou la découverte du secret

- Sens et effets de l'apprivoisement
- Expérience vécue
- Cheminement intérieur du petit prince

Analyse et suggestions pédagogiques

Le chapitre XXI, auquel se consacre cette unité, recèle, sous un ton presque anodin, la Vérité qui, dans ce conte, tient sans doute le plus à cœur à Saint-Exupéry. Comment présenter aux hommes (et en temps de guerre) les valeurs des relations humaines sans écrire des banalités ou formuler un traité de morale ou de philosophie? En choisissant un renard, au visage inhabituel, pour devenir son porte-parole et en faisant de l'animal le «personnage» détenteur du secret recherché par son héros de conte, Saint-Exupéry est parvenu à transmettre avec originalité et légèreté un lourd message qui va droit au cœur du lecteur.

Dans le cadre du récit, la rencontre du renard signifie pour le petit prince le dépassement de la solitude; de plus, l'expérience de l'apprivoisement lui livre le secret qui redonne un sens à sa vie en revalorisant son amour pour la rose. Cet épisode correspond à la découverte de la princesse, la victoire sur le dragon ou la conquête du Graal, c'est-à-dire qu'il représente l'aboutissement de la quête du héros et met un terme à ses péripéties. Ayant accompli sa mission, celui-ci peut donc prendre le chemin du retour; seuls l'aiguilleur et le marchand de pilules viendront retarder cette marche de retour.

Dans ce passage, le narrateur s'est complètement effacé du récit, ne laissant en scène que le petit prince et le renard. Le lecteur a donc momentanément oublié le cadre extérieur de la narration, celui d'une autre rencontre, celle de l'enfant et de l'adulte. Or, ce qui est intéressant, en ce qui concerne le déroulement du récit, c'est la façon dont le message du renard se transmet une seconde fois, à un moment ultérieur. La marche vers le puits (chap. XXIV) retrace le même itinéraire, suivi par le narrateur et l'enfant, mais c'est cette fois le petit prince qui, se substituant au renard, permet à l'adulte d'accéder à la même Vérité. Le motif du secret et de sa transmission ne s'épuise donc qu'à ce moment-là.

- Commencer le cours par l'audition de l'enregistrement du chapitre que les élèves écoutent livre fermé. Il présente l'avantage de mettre en relief la légèreté du passage qui émane avant tout du choix d'un renard comme personnage central. Par contre, l'enregistrement met entre parenthèses le paragraphe sur les rites et surtout le deuxième dialogue du petit prince avec les roses, dont l'explication ne peut en aucun cas être négligée.

● Etant donné le sens du message transmis par cette «leçon d'apprivoisement», l'accent sera mis au cours de l'analyse de ce chapitre sur la transposition, en espérant, malgré cette démarche inévitable dans un cours en langue étrangère, ne pas trop effriter le charme du passage.

Introduction au chapitre (Corrigé des devoirs)

Le motif du renard:
Partir des expressions recueillies par les élèves, puis à l'aide du texte proposé en annexe (voir page 64), mettre l'accent sur l'originalité du renard de ce chapitre, sur sa fonction au sein du conte et son rôle de porte-parole envers Saint-Exupéry, en soulignant l'effet produit par ce choix.

L'accord spirituel entre le renard et le petit prince:
Un vrai dialogue s'établit entre les deux interlocuteurs qui se comprennent intuitivement. Plusieurs éléments témoignent de cette entente:
– L'apparition du renard rappelle celle de l'enfant. Lui aussi est une voix, avant d'être une présence physique. «Je suis là, dit la voix sous le pommier» (**66**,11). Détail qui suggère leur appartenance à un même monde.
– Comme le petit prince, le renard ne répond pas souvent aux questions qu'on lui pose: «Qu'est-ce que signifie ‹apprivoiser›?» «T'u n'es pas d'ici dit le renard, que cherches-tu?» (**67**,9–10).
– Il s'exprime lui aussi dans un langage qui a sa propre logique interne (préférence pour les phrases simples, brèves et caractérisées par l'absence de coordonnées et de subordonnées) ou qui reflète une sagesse inattendue (sentences, maximes, p.ex. «le langage est source de malentendus» **69**,26, ou «comme il n'existe point de marchands d'amis, les hommes n'ont plus d'amis» **69**,19–20).
– L'un et l'autre sont en quête d'un compagnon pour «ensoleiller» leur vie, marquée par la solitude: «Viens jouer avec moi» dit le petit prince (**67**,3), «Si tu veux un ami, apprivoise-moi», dit le renard (**69**,20–21).

Opposition sur laquelle s'appuie le passage:
La profonde différence entre une vie avant et après l'apprivoisement, c'est-à-dire une vie placée sous le signe de la solitude ou de l'amitié.

Définition du mot «apprivoiser»:
Larousse: latin privatus, domestique; rendre un animal moins sauvage; rendre une personne plus sociable; synonymes: se familiariser, s'accoutumer.
Petit Robert: latin privatus, privé; rendre moins craintif, ou moins dangereux pour un animal; rendre une personne plus docile, plus sociable; synonymes: domestiquer, adoucir.

Les effets de l'apprivoisement

avant	apprivoiser ↓		après
tu n'es encore pour moi qu'un petit garçon *semblable* à 100 000 petits garçons	rendre unique		tu seras pour moi *unique* au monde
je ne suis pour toi qu'un renard *semblable* à 100 000 renards			je serai pour toi *unique* au monde
je n'ai *pas besoin* de toi tu n'as *pas besoin* de moi	créer des liens je isolement	 nous communauté	nous aurons *besoin* l'un de l'autre
ma vie est *monotone* je m'ennuie un peu	vide	enrichissement	ma vie sera comme *ensoleillée*
les autres me font rentrer sous terre	repli crainte	ouverture confiance	le tien m'appellera hors du terrier
le blé est pour moi *inutile* les champs de blé ne me rappellent rien	absence de liens entre monde extérieur et intérieur	présence	le blé me fera *souvenir* de toi j'aimerai le bruit du vent dans le blé
ça, c'est *triste*	transfiguration *la vie prend un sens*		ce sera *merveilleux*

Sens et effets de l'apprivoisement

• Les élèves soulignent lors de la lecture dialoguée les phrases qui se rapportent à la vie du renard telle qu'elle est au moment de la rencontre et telle qu'elle serait s'il était apprivoisé (explication théorique de l'apprivoisement). Ils notent ces phrases, sous forme de tableau «avant/après» (voir le tableau à la page 39), en prenant soin d'opposer les remarques équivalentes et de souligner les éléments correspondants (répétitions, synonymes, antonymes). Ils décrivent le bouleversement que l'apprivoisement apporterait dans la vie du renard.

• Suggestions de vocabulaire:

vide, routine	embellissement, rayonnement
repli, isolement	ouverture, disponibilité, accueil
méfiance, crainte, peur	confiance, attente
résignation, mélancolie	lumière, espoir

Devoirs

• Lecture de la fin du chapitre (**69**,22–**74**,6).
• Mise en relief des phrases clés et de la structure du passage.

Le chemin de l'amitié, expérience à double tranchant

• Lecture dialoguée – choix de phrases clés – commentaire dirigé.

Questions

(Réponses cf. le tableau «Le chemin de l'apprivoisement» à la page 41).
1. «Il faut être très patient» (**69**,23). Quelles sont d'après le renard les étapes de l'approche? Transposez ces instants au niveau d'une amitié entre deux êtres humains. Montrez par quelques exemples en quoi le langage peut être «source de malentendus» (**69**,26).
2. «Il faut des rites» (**70**,4). Cherchez des termes dont le sens se rapproche de ce mot. L'auteur a aussi écrit: «Les rites sont dans le temps ce que la maison est dans l'espace.» D'après les explications du renard et cette citation, dites à quoi servent les rites.
3. Relisez les mots d'adieux du renard et du petit prince. Quelles sont les deux facettes d'une telle expérience? Expliquez la réponse du renard.

Le chemin de l'apprivoisement

il faut être patient	**rendre moins farouche** **se familiariser**
se tenir à distance	laisser à l'autre le temps de se préparer à la rencontre
regarder	l'observer, apprendre à le connaître et le reconnaître
ne rien dire	«le langage est source de malentendus» (maladresse, hâte, mensonges, flatteries)
il faut des rites	**s'accoutumer**
usages, coutumes, habitudes, «cérémonial»	attente, réalisation, bonheur, possibilité de s'orienter
clef du bonheur mais aussi	**apprentissage de la douleur**
«Alors tu n'y gagnes rien!»	«J'y gagne, à cause de la couleur du blé.»
nouvelle dimension à la vie	

Le cheminement du petit prince

Questions

(Voir aussi le tableau «Le cheminement intérieur du petit prince» à la page 42).
*1. Relisez le début du chapitre XX (**64**,6–**64**,21). Comparez le passage avec le nouveau dialogue du petit prince avec les roses. Quel changement constatez-vous?*
La première visite dans le jardin de roses avait causé une vive déception au petit prince: jugeant sa fleur d'après son aspect extérieur, il avait dû constater qu'elle n'était pas «unique au monde», puisqu'elle appartenait à l'espèce des roses. A ce moment-là, le petit prince ne voyait qu'avec les yeux, c'est-à-dire que son regard s'arrêtait à la surface des choses. Grâce à l'expérience vécue avec le renard, le petit prince a enfin compris le secret des relations humaines: «on ne voit bien qu'avec le cœur. L'essentiel est invisible pour les yeux» (**72**,25–26).

*2. «Vous êtes belles, mais vous êtes vides» (**72**,11). Expliquez cette remarque, en vous penchant sur les deux domaines auxquels appartiennent les deux adjectifs.*
L'amour et l'amitié ne se mesurent pas à la beauté extérieure de l'être aimé, mais à sa richesse intérieure, domaine de l'invisible et royaume du cœur. C'est ce cheminement spirituel qu'exprime la constatation du petit prince: «Vous êtes belles mais vous êtes vides» (**72**,11). L'intensité des sentiments qui l'attachent à sa rose lui apparaît soudain: il serait même prêt à sacrifier sa vie pour sa fleur (**72**,12).

Le cheminement intérieur du petit prince

avant ce qu'il voyait avec les *yeux*

«le petit prince les regarda... et il se sentit très malheureux» (**64**,13,18)

«elles ressemblaient toutes à sa fleur» (**64**,13–14)

après ce qu'il voit désormais avec le *cœur*

«vous n'êtes pas du tout semblables à ma rose, vous n'êtes rien encore» (**72**,4–5)

«vous êtes belles, mais vous êtes vides» (**72**,11)

beauté: signe extérieur visible
vide: allusion au contenu
domaine intérieur invisible

«à elle seule elle est plus importante

que vous, puisque c'est ma rose» (**72**,14–21)

DON
=
poids de l'amour:
soins, protection, attentions,
échange, confidences, compréhension

richesse intérieure, invisible: l'essentiel

message du renard: «On ne voit bien qu'avec le cœur. L'essentiel est invisible pour les yeux.» (**72**,25–26)

3. *En quoi consiste la valeur unique que le petit prince découvre en sa rose?*
Il voit donc clairement (avec le cœur) que ce ne sont pas les qualités inhérentes à sa fleur qui lui confèrent sa valeur unique, mais, bien au contraire, tous les efforts qu'il a faits quotidiennement pour lui prouver son amour: soins, attentions, protection, confidences, compréhension (**72**,14–21). La richesse intérieure est donc fruit du Don et de l'Echange dans lesquels s'enracine en quelque sorte la responsabilité.

4. *Pourquoi le renard choisit-il ce moment précis pour livrer son secret au petit prince?*
Le dialogue avec les roses fournit la preuve que le petit prince est mûr pour la révélation du message. C'est pourquoi le renard choisit ce moment pour exprimer verbalement ce que le petit prince a déjà compris intuitivement. L'enfant accomplit le dernier pas en reconnaissant le sens de sa responsabilité envers sa fleur. Ainsi son départ précipité est-il remis en question, tandis que son retour devient nécessité, quel qu'en soit le prix. Le cheminement du petit prince dicte la suite du récit qui commence alors à se refermer.

Conclusion

Au-delà de l'idée centrale, Saint-Exupéry semble insister sur un autre fait: l'homme n'accède à de telles vérités que par le biais de l'expérience. Ce n'est donc pas l'intellect qui lui ouvre la voie d'une telle initiation mais bel et bien le cœur et l'intuition: «Connaître, ce n'est point démontrer, ni expliquer, c'est accéder à la vision. Mais pour voir, il convient de participer» (*Pilote de Guerre*, p. 54).

L'interprétation de cette évolution mentale pourrait faire l'objet d'un commentaire écrit qui achèverait l'explication de texte. Pour redonner au passage son ton caractéristique, la légèreté, il est conseillé de terminer la séquence par une nouvelle audition du chapitre, en demandant aux élèves de réfléchir sur la fonction d'un tel passage dans le cadre traditionnel du conte et sur sa signification précise pour le petit prince.

Devoirs

- Bref résumé des chapitres XXII et XXIII.
- Lecture et préparation du chapitre XXIV.
- En mentionnant les indications temporelles qui sont présentes dans le texte, résumez brièvement l'action extérieure de ce chapitre, c'est-à-dire la distance parcourue par le petit prince et le narrateur (sens propre).
- L'attitude du narrateur envers le petit prince: Comparez à cet égard le début du chapitre (préoccupations et réflexions du narrateur) et le dernier passage (**78**,13–29, gestes et sentiments). Quelle évolution constatez-vous? Que représente donc cette marche nocturne? (sens figuré)
- Exercice de vocabulaire (préparation à l'expression orale). Trouvez le substantif correspondant au verbe:

réparer	la réparation
tomber	la tombée (de la nuit)
comprendre	la compréhension
fatiguer	la fatigue
voir	la vue
cacher	la cachette
émouvoir	l'émotion *f*
trembler	le tremblement
protéger	la protection

8. La marche vers le puits ou le cheminement de l'adulte vers l'enfant

- La distance parcourue par le narrateur et l'enfant
- La valeur symbolique de la découverte du puits

Analyse et suggestions pédagogiques

Le récit des «aventures» du petit prince est achevé. Le narrateur rentre en scène et reprend le fil du récit extérieur, celui de son expérience vécue avec le petit prince. Huit jours se sont écoulés depuis leur rencontre et un moment décisif est survenu: le moteur n'est toujours pas réparé, le pilote n'a plus rien à boire; s'il veut survivre, il doit se mettre en marche dans l'espoir de découvrir une source.

Les données extérieures sont donc (tragiquement) simples, tandis que la composition du passage apparaît dans sa complexité. Thèmes et motifs se superposent, s'emboîtant les uns dans les autres à la façon d'une poupée gigogne. La structure du passage est à l'image de l'idée transmise: au centre du texte, comme au cœur des choses, un secret, celui des étoiles, du désert et de la maison.

La marche vers le puits à travers les sables du désert devient la projection concrète d'une relation humaine, celle du narrateur et du petit prince. Les heures, de la nuit jusqu'au lever du jour, symbolisent les étapes d'une amitié. Parallèlement, cette marche s'accompagne d'un dialogue entre les deux personnages. Par les thèmes qu'il aborde (variations sur un unique sujet), l'enfant représente un point fixe vers lequel s'avance l'adulte. Le chapitre s'achève au moment où le narrateur perçoit à son tour – et grâce aux efforts du petit prince – le message du renard. L'image du pilote portant dans ses bras le petit prince a elle aussi une double dimension: elle symbolise l'instant où, en la personne du narrateur, l'adulte et l'enfant ne font plus qu'un. Ainsi le désert a-t-il contribué à une re-naissance.

Par ce chapitre, le style du récit commence à s'écarter de celui du conte traditionnel: une note nostalgique l'imprègne déjà, qui annonce la disparition prochaine du héros. Il suffit de penser au sens équivoque de la phrase «C'est bien d'avoir eu un ami même si l'on va mourir» (**76**,26) où l'ami pourrait aussi bien être le pilote que le renard; ou bien l'allusion à «l'écorce» (**78**,19), expression reprise par le petit prince au moment de sa mort.

L'analyse de ce chapitre, qui reste difficile à cause de sa complexité de structure, suivra la démarche suivante:

- Faire saisir aux élèves le double sens de cette distance parcourue jusqu'au puits: cadre extérieur et stations de l'amitié.

- Rendre attentif au leitmotiv, le secret du renard, que l'enfant désire transmettre au pilote, c'est-à-dire à la valeur symbolique de la découverte du puits à l'aube. (Proposer à ce moment-là le texte annexe «La magie du désert» [voir page 61], déjà mentionné au cours de la deuxième unité.)
- Faire découvrir la structure «gigogne» du chapitre, expression de l'idée du secret qui va jusqu'au dédoublement du petit prince (image de l'écorce).

La distance parcourue par le narrateur et l'enfant

Ce chapitre décrit d'abord la marche du petit prince et du narrateur vers un puits. Poussés par la soif, ils se mettent en route vers la fin de l'après-midi, marchent toute une nuit et parviennent au puits «au lever du jour».

Mais en même temps, le narrateur parcourt un autre chemin, symbolique celui-là. Avant le départ, le narrateur et le petit prince sont séparés par des préoccupations diamétralement opposées: le pilote est en proie à des soucis concrets (réparation du moteur, soif, peur de mourir; **76**,15–18), tandis que le petit prince semble planer dans une autre sphère (souvenirs de voyage, rencontres). La seule chose qui les rapproche est la soif, mais même sur ce point leurs opinions divergent (**77**,6–7); d'ailleurs ils ne parlent pas encore de la même eau. Les jugements que le pilote porte mentalement sur le petit prince («il ne comprit pas mon raisonnement» **76**,24, «il ne mesure pas le danger» **77**,3) soulignent le fossé qui sépare à ce moment-là leurs deux mondes. Cet écart rappelle exactement la distance qui les séparait au moment de leur rencontre (cf. analyse du chapitre II).

Au cours de la marche nocturne, la distance entre le narrateur et le petit prince s'est effacée; des gestes de tendresse ont remplacé les observations rationnelles critiques: «je le pris dans mes bras ... J'étais ému» (**78**,13–14). Le cœur s'est mis à vibrer et la contemplation de l'enfant endormi a éveillé en l'adulte un désir de protection (**78**,15). La fin du chapitre est caractérisée par une profonde harmonie. Cette marche apparaît donc comme un résumé des étapes de l'amitié qui s'est forgée au cours des journées vécues dans le désert, entre le pilote et le petit prince.

La valeur symbolique de la découverte du puits

Travail de groupe ou commentaire dirigé

1. *Le leitmotiv. Considérez ou relevez les phrases prononcées par le petit prince au cours de cette marche. Soulignez–en les mots clés et faites attention à la récurrence des thèmes. Que constatez-vous?*

Le petit prince n'a abordé qu'un seul thème, symbolisé par le renard (première phrase: «mon ami le renard»; dernière phrase: «Je suis content que tu sois d'accord avec le renard» **78**,11). Les remarques sur les étoiles et le désert ne sont que des ponts que le petit prince jette au narrateur pour qu'il comprenne le message qu'il désire lui transmettre. Ces exemples font tous allusion à une beauté invisible, cachée au cœur des choses (étoiles-fleur/désert-puits).

2. *Les étapes d'une marche spirituelle. Notez les trois phrases qui contiennent le verbe «comprendre». Comparez-les et expliquez le mouvement qu'elles expriment.*
«Il ne comprit pas mon raisonnement» (**76**,24). Le narrateur croit que c'est lui qui a quelque chose d'important à communiquer au petit prince et que c'est à l'enfant de faire des efforts pour le comprendre: la phrase exprime un sentiment de supériorité, typique pour une grande personne en présence d'un enfant (cf. chap. II).

«Je ne compris pas sa réponse, mais je me tus» (**77**,18–19). L'adulte a commencé à s'ouvrir au petit prince au moment où il lui a demandé: «Tu as donc soif, toi aussi?» (**77**,15). Cette soif, avec sa double dimension, devient le trait d'union entre les deux interlocuteurs. A cet instant, la situation est inversée: le pilote ne comprend pas encore les choses dont parle l'enfant («L'eau peut aussi être bonne pour le cœur» **77**,18.) C'est désormais l'adulte qui est en position d'infériorité par rapport à l'enfant, mais son silence est déjà signe de rapprochement.

«Je fus soudain surpris de comprendre ce mystérieux rayonnement du sable» (**78**,1–2). Le narrateur accède enfin à la Vérité que le petit prince voulait lui communiquer; Saint-Exupéry insiste sur le fait que c'est l'enfant qui a permis à l'adulte de découvrir ce mystère, ou disons plutôt re-découvrir, car le narrateur franchit ce pas en ressuscitant mentalement le paysage de son enfance et son secret, le bonheur qu'il y a connu (**78**,6–7).

3. *La découverte du puits. Rappelez-vous le message du renard. Cherchez des phrases prononcées par le narrateur qui vont en ce sens. Quelle est par conséquent la signification de la découverte de ce puits?*
«Ce que je vois là n'est qu'une écorce. Le plus important est invisible» (**78**,19 20). Le narrateur reprend à son compte le message du renard. Après les étoiles, le désert et la maison de l'enfance, le petit prince est le dernier symbole qui s'ouvre de façon analogue: le corps devient l'enveloppe du mystère que constitue le rayonnement de l'amour ou de l'amitié.

Conclusion

La découverte du puits à l'aube, au moment où l'obscurité est vaincue par la lumière, devient l'image de cette révélation. La longueur de cette marche suggère sans doute combien il est difficile pour un adulte de rentrer dans le pays de son enfance où sont enterrées les vérité les plus profondes. («L'enfance, ce grand territoire d'où chacun est sorti. D'où suis-je? Je suis de mon enfance comme d'un pays.» Saint-Exupéry, *Pilote de Guerre*, p. 90).
Ainsi se referme un des cercles thématiques du récit: le premier chapitre décri-

vait l'éloignement des grandes personnes du «paradis» de leur enfance (paradis en ce sens qu'il qualifie un état privilégié par les dons qu'il permet d'exercer), tandis que l'histoire du pilote et du petit prince esquisse un retour dans cet état de grâce: un chemin qui permet de sortir de l'aveuglement.

Devoirs

- Lecture du chapitre XXV.
- Lecture du chapitre XXVI jusqu'à «J'aurai bien plus peur ce soir» (**86**,12). Préparation des questions à la page 50.

9. La disparition du petit prince: retour à la source et révélation du nœud divin

- Le partage de l'eau
- La transfiguration du monde
- La mort du petit prince

Analyse et suggestions pédagogiques

Les chapitres XXV et XXVI, qui achèvent le récit proprement dit, sont caractérisés par deux mouvements antithétiques qui s'annoncent déjà dans le premier de ces chapitres sous la forme du partage exaltant de l'eau, voilé cependant par des instants de mélancolie due au pressentiment de la séparation, avant de culminer dans les dernières pages où l'explosion de la Vie s'accompagne de la mort du petit prince.

Cette fusion qui aboutit à la transfiguration du monde est ressentie par le lecteur comme une apothéose, sans que le narrateur ait besoin de choisir un langage abstrait ou philosophique. Au contraire – et cela fait la poésie du passage – il reste fidèle à la simplicité de son style, se contentant de juxtaposer réalité et métaphores, élevant ainsi les actions les plus élémentaires (p.ex. le rire) à un rang métaphysique.

Le partage de l'eau

• Si le niveau de la classe le permet, le maître peut introduire le chapitre XXV par les textes annexes tirés de *Terre des Hommes,* éclairant la symbolique de l'eau (voir page 65).

• L'analyse de ce chapitre est présentée sous la forme d'un devoir que la classe pourrait faire en interrogation écrite.

1. Feuille de travail «Au puits». But: faire reconnaître aux élèves l'originalité du passage et l'intention cachée derrière cette poétisation du langage.

Au puits

Il rit, toucha la corde, fit jouer la poulie.
Et la poulie __①__ comme __①__ une vieille girouette quand le vent a longtemps __②__.
– Tu entends, dit le petit prince, nous __③__ ce puits et il __④__.
Je ne voulais pas qu'il fît un effort:
– Laisse-moi faire, lui dis-je, c'est trop lourd pour toi.
Lentement je hissai le seau jusqu'à la margelle. Je l'y installai bien d'aplomb.
Dans mes oreilles durait le __⑤__ de la poulie et dans l'eau qui __⑥__ encore, je voyais __⑥__ le soleil.
– J'ai soif de cette eau-là, dit le petit prince, donne-moi à boire...
Et je compris ce qu'il avait cherché!

A. Choisissez parmi les expressions suivantes celles qui correspondent le mieux au contexte (avec l'aide du dictionnaire)
① tourner – grincer – craquer
② arrêter de souffler – hurler
③ voir – toucher – s'approcher de
④ travailler – marcher – fonctionner
⑤ le grincement – le bruit
⑥ onduler – vibrer

B. Comparez avec le texte original. Expliquez l'écart entre les expressions choisies par le narrateur et celles qu'on aurait pu attendre.
① gémir: expression de la souffrance humaine et de l'effort
② dormir. sommeil, qualité propre aux êtres animés
③ réveiller: même registre, effet merveilleux (cf. *la Belle au bois dormant*)
④ chanter: qualité humaine, expression de la vie et de la joie
⑤ le chant de la poulie: voix, animation d'un objet
⑥ trembler: réaction physique, peur, froid, fragilité

Trait commun à toutes ces expressions:
simplicité des expressions – antonymes (2,3) – impressions acoustiques (1,4,5), répétitions.

Effet produit:
poétisation de la réalité et solennité de l'instant.

Fusion d'éléments divers:
animation du monde; correspondances entre les hommes et les choses; harmonie, symbiose.

2. *Recherche du passage clé sur l'eau du puits (**81**,1–9); brève explication de ces lignes.*

3. *Enumération des thèmes et motifs rappelés dans ce chapitre:*
– thème de la soif et de l'eau
– thème des souvenirs d'enfance } cf. chap. XXIV étoiles, désert, maison
– thème du rayonnement }
– thème de la rose et de l'amour
– thème de la quête et de la découverte
– thème du message du renard (variation: **81**,19–20)
– thème de la responsabilité
– motifs: muselière pour le mouton (cadeau d'adieu); dessins des baobabs, du renard, des boas fermés et ouverts

4. *Relevez les phrases qui témoignent de l'ambiguïté des sentiments du narrateur. Pourquoi y a-t-il une ombre à sa joie?*
«J'étais heureux aussi de cette couleur de miel. Pourquoi fallait-il que j'eusse de la peine ...» (**81**,22–23); «J'eus le cœur serré» (**82**,8–9); «sans comprendre pourquoi, j'éprouvai un chagrin bizarre» (**82**,17–18).
La mélancolie du narrateur est due à un pressentiment: son cœur et celui du petit prince battent à l'unisson, c'est pourquoi il devine des choses qui ne sont pas encore prononcées. La simple allusion du petit prince à l'anniversaire de sa chute fait comprendre au narrateur les raisons de son deuil: «Ah! lui dis-je, j'ai peur ... (**82**,29).

5. *Une année s'est écoulée. Le petit prince retourne à son point de chute. Que représente cette indication temporelle? Quelle est la signification de la récurrence de tous les thèmes?*
La dimension d'une année est symbolique: elle représente l'achèvement d'un cycle et la fermeture d'un cercle thématique, celui du voyage terrestre du petit prince. Mais il s'agit aussi d'autre chose. La récurrence des thèmes ressemble aux réflexions d'un homme qui sent venir la mort et qui passe en revue les événements qui ont marqué sa vie. Il semble que le narrateur ne songe pas seulement à la séparation quand il dit: «On risque de pleurer, si l'on s'est laissé apprivoiser» (**83**,2–3), mais peut-être effectivement au prix de ce retour.

La transfiguration du monde

Le chapitre XXVI est un chapitre difficile, qui achève le récit et qui demande donc à être minutieusement analysé. Le maître devra sans doute intervenir pour faire franchir à la classe le dernier pas: la définition du principe qui règne sur les hommes et sur les choses. Plusieurs noms peuvent lui être donnés: «l'essentiel», «l'invisible», «Dieu». Nous proposons ici le terme de «nœud divin», tiré de l'œuvre de Saint-Exupéry, en particulier de *Citadelle* où plusieurs passages reprennent cette idée. Il est «ce qui noue les choses» et «ce qui permet l'union du monde intérieur et extérieur».[1]

La convergence de symboles, ainsi que l'enchevêtrement des choses et des êtres humains, les correspondances entre le narrateur et le petit prince, qui caractérisent ce chapitre, ont motivé ce choix. Il nous semble aussi traduire la forme de religiosité propre à Saint-Exupéry, «mystique sans la foi».[2]

- Lecture dialoguée du chapitre jusqu'à «J'aurais bien plus peur ce soir» (**86**,12).
- Rappel du chapitre XVII, qui décrit la première rencontre du petit prince avec le serpent.

Commentaire dirigé/Corrigé du devoir

1. En examinant les bribes de la conversation entre le petit prince et le serpent, décrivez l'attitude de l'enfant. En quoi peut-on la trouver surprenante?
Le petit prince s'entretient avec le serpent comme avec un interlocuteur quelconque. Cette rencontre n'est cependant pas fortuite. Il s'agit au contraire d'un rendez-vous fixé à l'avance et l'enfant est celui qui tient à la rencontre: «Si! Si! c'est bien le jour» (**83**,12). Bien qu'il sache parfaitement que c'est un rendez-vous avec la mort, le petit prince n'essaie pas de se dérober, il reste fidèle à ses promesses: «J'y serai cette nuit» (**83**,18). Il touche particulièrement le lecteur en restant humain par sa peur de la souffrance, malgré sa bravoure presque surhumaine: «Tu es sûr de ne pas me faire souffrir trop longtemps?» (**83**,23–24). Cette scène rappelle les instants qui précédèrent la mort de Jésus, où l'acceptation du sacrifice n'empêche pas la peur de la mort.

2. Par quelles remarques le lecteur prend-il conscience de la gravité de l'instant et du danger imminent que le serpent représente?
Le petit prince parle à un interlocuteur qui reste d'abord invisible et dont les paroles ne sont pas retransmises. Le mystère que recèle le serpent s'en trouve accru et les expressions prononcées par le narrateur, tel «je fis un bond» (**84**,3) ou «je pris le pas de course» (**84**,6), soulignent le danger de l'instant. La frayeur du narrateur qui prend la fuite s'oppose donc à l'attitude du petit prince dont la sérénité n'est cependant qu'apparente, puisqu'au contraire de sa voix, son cœur bat «comme celui d'un oiseau qui meurt» (**84**,20) et son visage est «pâle comme la neige» (**84**,12), expressions poétiques qui mettent en relief la fragilité diaphane de l'enfant.

3. Ce moment du récit a une signification commune pour le narrateur et le petit prince. En quoi consiste-t-elle? Est-elle vraiment identique?
L'enfant est omniscient: sans que le narrateur le lui ait dit, il sait que l'avion est réparé et que le pilote va donc pouvoir «rentrer chez lui». Le petit prince avoue

---

1 Pierre Chevrier, *Saint-Exupéry*, Paris: Gallimard: 1958, p. 115.
2 Titre d'un ouvrage de Clément Borgal, *Saint-Exupéry, mystique sans la foi*.

également: «Moi aussi, aujourd'hui, je rentre chez moi» (**84**,28) et il ajoute: «C'est bien plus loin ... c'est bien plus difficile» (**84**,30). Cette analogie du retour passe par une antinomie, par une réussite pour le narrateur et par la mort pour le petit prince.

• Lecture dialoguée de la fin du chapitre (**86**,12–**91**,6), au cours de laquelle les élèves soulignent les mots clés, mis en relief par la répétition, puis les ordonnent d'après leur fonction d'englobant/englobé:

rire
↑
étoiles
↗ ↖
grelots — puits, poulie, fontaine

Commentaire dirigé (voir aussi le tableau à la page 52)

1. *Relevez les phrases qui contiennent le mot «rire». Faites une liste des sujets de ce verbe. Rappelez-vous la description du puits au chapitre XXV. Quelle analogie découvrez-vous dans l'emploi du verbe rire? Comment l'interprétez-vous?*

Explosion de la Vie et animation des choses. Le verbe rire caractérise non seulement le petit prince (étonnante répétition «il rit encore»), il s'applique aussi aux étoiles, (**87**,26–27), aux grelots (**88**,7), donc aux choses. La transformation du monde, annoncée au début du chapitre précédent, s'accomplit: une multitude de liens apparaissent, qui nouent les êtres humains et les choses. Effet paradoxal: à l'heure de la Mort, le monde inanimé devient vivant.

2. *Quel temps narratif domine dans ce passage? Autour de quel événement s'organise-t-il? En quoi les propos du petit prince trahissent-ils l'imminence de cet instant?*

Antinomie: éphémère – éternel. La deuxième partie du chapitre est caractérisée par un changement de temps: le futur fait irruption dans le récit. Il sous-entend un événement qui n'est pas encore survenu mais qui jette déjà son ombre sur toute la scène: l'instant fatal de la disparition du petit prince. Le langage de l'enfant trahit cependant l'imminence de l'instant. Il évoque des souvenirs, l'eau par exemple («tu te rappelles ... elle était bonne» **87**,2); il gomme le moment des adieux en faisant un saut dans l'espace temporel («Tu regarderas, la nuit, les étoiles» **87**,4); l'allusion au «cadeau» est aussi une sorte de testament destiné à combler le trou de l'absence.

3. *Pourquoi le narrateur dit-il: «je ne supportais pas l'idée de ne plus jamais entendre ce rire» (**86**,14–15)? Que peut donc exprimer ce rire?*

Le narrateur a compris de quoi le petit prince a peur et il ne peut se faire à l'idée de le perdre; le rire qui caractérise l'enfant et qui est d'abord l'expression de l'insouciance et de la gaieté s'éteindra au moment où la vie le quittera. C'est pourquoi le narrateur aimerait prolonger cet instant (**86**,17).

La révélation du nœud divin

«Tu regarderas la nuit, les étoiles.» (**87**,4)

«Mon étoile, ça sera pour toi une des étoiles.» (**87**,6–7)

«Elles seront toutes tes amies.» (**87**,8)

«Puisque je rirai dans l'une d'elles, alors ce sera pour toi comme si riaient toutes les étoiles» (**87**,25–27)

«Tu auras cinq cents millions de grelots» qui savent rire (**90**,1–2)

«Moi aussi, je regarderai les étoiles» (**89**,9–10)

«Toutes les étoiles seront des puits avec une poulie rouillée.» (**89**,10–11)

«Toutes les étoiles me verseront à boire» (**89**,11–12)

«j'aurai cinq cents millions de fontaines» (**90**,2–3)

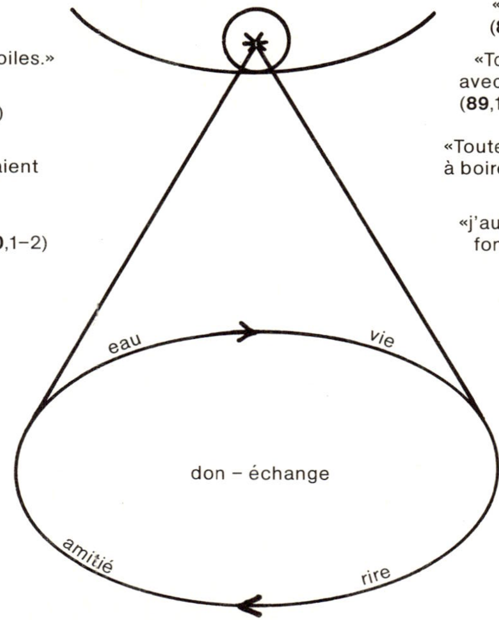

«Quand le corps se défait, l'essentiel se montre. L'homme n'est qu'un nœud de relations. Les relations comptent seules pour l'homme.» *Pilote de Guerre*

4. *«Ce sera mon cadeau … ce sera comme pour l'eau …» (***87***,13–14). Quel lien rattache l'eau au rire?*
L'harmonie entre l'adulte et l'enfant est à ce moment du récit absolue. Cette amitié a été marquée par la réciprocité des sentiments et une coïncidence d'idées. Elle est placée sous le signe du Don et de l'Echange. Le petit prince a ouvert les yeux de l'adulte sur le mystère des choses et ce dernier lui a offert l'eau de l'amitié à la fontaine du désert, comme Jésus à la Samaritaine. En contrepartie le petit prince lui fait don d'une autre expression de la vie, le rire.

5. *De quelle façon ce cadeau est-il possible? Expliquez la phrase: «ce sera pour toi comme si riaient toutes les étoiles» (***87***,26). Le rire des étoiles appelle une nouvelle substitution. Laquelle?*
Ce cadeau n'est possible que par le passage à une autre sphère: le petit prince doit extraire le rire de son enveloppe concrète, le corps, pour l'insuffler aux choses. Il choisit les étoiles, à qui il prête en quelque sorte son âme. («Je dis âme ce qui de toi communique avec ces ensembles qui sont nœuds divins qui nouent les choses». Saint-Exupéry, cité d'après G. Pélissier, *Les cinq visages de Saint-Exupéry*, Paris, 1951, p. 93.) Ainsi le narrateur aura-t-il des étoiles «qui savent rire» (**87**,27). La contemplation des étoiles permettra de communier avec l'enfant après son départ. Le rire, étant devenu abstraction, se métamorphose une nouvelle fois en une chose concrète, les grelots, principe d'un incessant renouveau.

6. *Rappelez-vous les paroles du petit prince au sujet des étoiles (***30***,5–8). En quoi l'expérience vécue avec le narrateur a-t-elle transformé la signification des étoiles aux yeux du petit prince?*
La signification des étoiles pour le petit prince s'enrichit de l'expérience de l'amitié partagée avec le narrateur. Elles ne sont pas seulement «fleuries» (**86**,30), mais devenant puits, poulie et fontaine, elles portent aussi le témoignage du don de l'adulte à l'enfant. Ainsi les choses et les êtres sont-ils pénétrés de liens invisibles qui leur donnent toute leur signification. Le «nœud divin» les rattache.

La mort du petit prince

Saint-Exupéry a choisi de faire mourir le petit prince, mais dans la description de cette mort il a évité d'employer des expressions appartenant à ce registre. Il s'est également gardé de concrétiser l'instant fatal, ne lui accordant que quelques lignes (**91**,3–6), de même qu'il a volontairement recherché une expression poétique pour l'évocation du serpent et ce qu'il symbolise (**84**,8,19–21). Il a tenu aussi à jeter un voile de rire sur cette dernière scène, même s'il n'a pu empêcher que des larmes ne le déchirent. Le lecteur peut se demander si ces images et cette atmosphère inhabituelle obéissent à une extrême pudeur ou trahissent le refus de représenter la Mort dans sa réalité cruelle. Le petit prince, lui non plus, ne contribue pas à soulever le voile du mystère de sa disparition, puisqu'il assure à double reprise qu'il aura seulement «l'air» de mourir, mais que «ce ne sera pas vrai» (**88**,11,30–31).

Malgré ces tentatives de dissimulation, le lecteur ne peut fermer les yeux sur le déchirement dans lequel se trouvent le narrateur et l'enfant, celui qui reste et celui qui part. Même si le petit prince fait l'impossible pour garder sa sérénité, son rire finit par s'étrangler et la peur le gagne. Au-delà de la peur et de la souffrance physique, il ressent la douleur de la séparation et peut-être aussi de l'incertitude concernant ce qu'il va retrouver sur la planète. C'est la sobriété de l'expression qui fait comprendre l'intensité de la souffrance du narrateur, qui se trouve presque paralysé et qui ne peut que répéter les mêmes phrases: «Je ne te quitterai pas», «Moi je me taisais» ou tout simplement «Moi je ne pouvais pas bouger». Peur d'assister au spectacle de la Mort, à la disparition d'un ami, perte d'un compagnon, éventuel retour au désert de la solitude ... De la part de l'écrivain, refus de pathétisme, mais sincérité envers les réactions humaines.

Que signifie cet instant pour le petit prince? Il est «abandon de l'écorce», dans laquelle il avait dû s'incarner pour connaître une existence terrestre, enveloppe superflue dans l'autre monde; abandon de l'éphémère pour un retour à la planète d'origine où l'attend sans doute sa rose, un monde qui, sans être idéal, reste cependant plus facile que le nôtre; et peut-être un soulagement que, là-bas, la vie soit possible sans ce fardeau: «Tu comprends. C'est trop loin. Je ne peux pas emporter ce corps-là. C'est trop lourd» (**89**,1–2). Son passage sur la Terre a donc pris la forme d'un voyage dont le terme est en même temps le point de départ, retour à la source. Comment ne pas songer à cette vision de l'homme, poussière redevenant poussière, lorsque le narrateur décrit l'extinction de la vie terrestre du petit prince par ces mots: «Il tomba doucement comme tombe un arbre» (**91**,5)?

Le retour du petit prince sur sa planète est-il le signe d'une mission accomplie? L'enfant n'a-t-il pas réussi à transmettre à l'adulte ce que celui-ci avait oublié? Ne lui a-t-il pas permis, par l'expérience partagée, de retrouver l'essentiel, donc en quelque sorte de re-naître? Le petit prince, s'il a non seulement le visage d'un enfant, peut-être Saint-Exupéry enfant, mais celui de l'Enfance, ne doit-il pas mourir parce que dans notre monde, régi par la puissance, l'égoïsme et l'aveuglement, un monde souvent absurde, il n'y a tout simplement pas de place pour les valeurs qu'il incarne: la beauté, l'amour, la fidélité, la pureté ...? Dans ce cas, il mourrait effectivement parce qu'on assassine partout Mozart, comme l'assure M.-A. Barbéris dans son livre (voir le texte à la page 67), en reprenant une célèbre page de *Terre des Hommes*.

Reste à se demander si ce n'est pas trahir l'intention de Saint-Exupéry que de mettre l'accent sur la mort du petit prince, qu'il essaie de faire aussi légère que possible («Ça ne fit même pas de bruit, à cause du sable» **91**,5–6), alors que c'est la transfiguration du monde qui domine l'événement. Placer l'accent sur l'un ou l'autre des aspects est bien sûr une réaction aux convictions personnelles.

La révélation de valeurs éternelles – symbolisées par le rire et les étoiles – telle que le petit prince l'annonce, devient la promesse de communion spirituelle au-delà de l'existence terrestre, que Saint-Exupéry destine sans doute en premier à son ami mentionné dans la dédicace, et de façon plus générale à chacun de nous, croyant ou non. Même si cette vision est une fuite devant la réalité de la Mort, ne reste-t-elle pas ce que chacun de nous espère en secret?
Alors, au lieu d'insister sur la mort du petit prince, pourquoi ne pas conclure en reprenant, avec des mots tirés de *Citadelle,* l'image de l'arbre, mais une image opposée à celle de la chute:
«Morts et vivants se joignent l'un l'autre et ne font qu'un arbre qui grandit.»

- Lecture du texte annexe «Pourquoi le petit prince meurt-il?» (voir page 67) et discussion.

1. Pourquoi, d'après ce texte, la fin du *Petit Prince* ne correspond-elle pas au schéma traditionnel du conte?
2. Quels sont les éléments réalistes et les éléments magiques dans la description des derniers intants du petit prince?
3. Que signifie pour le petit prince l'instant fatal?
4. Pourquoi, d'après vous, le petit prince peut-il ou doit-il quitter notre monde? Pourriez-vous imaginer une autre fin au récit?
5. Le retour sur sa planète ne serait-il pas une fuite devant la réalité de notre monde?
6. Pourquoi Saint-Exupéry a-t-il superposé à la disparition du petit prince cette transfiguration du monde? Quelle vision et quel message désire-t-il communiquer?

- Terminer par l'audition de l'enregistrement complet.

Conclusion

Un des profonds soucis de Saint-Exupéry fut de transmettre par son œuvre une réponse à l'inquiétude de son temps. «Je suis triste pour ma génération qui est vide de toute substance humaine. [...] Il n'y a qu'un problème, un seul de par le monde. Rendre aux hommes une signification spirituelle, des inquiétudes spirituelles», écrivait-il dans sa *Lettre au Général X,* en 1944.

Pour achever cette lecture, le maître pourrait proposer cette citation aux élèves et leur demander de réfléchir sur les questions suivantes:
– Pourquoi *le Petit Prince* est-il devenu un best-seller mondial?
– Dans quelle mesure ce livre pourrait-il être considéré comme une réponse au désarroi humain?
– *Le Petit Prince* transmet-il un message qui concerne la réalité actuelle?

Annexe

Fiche historique

(Unité 1)

3 sept. 1939	La France et l'Angleterre déclarent la guerre à l'Allemagne (aprè l'invasion de la Pologne par Hitler).
10 mai 1940	Début de l'invasion allemande. Chute de la Troisième République, conséquence de la défaite militaire.
18 juin 1940	Le général de Gaulle, reconnu officiellement comme chef de la France libre, lance un appel à la résistance à l'occupation allemande.
22 juin 1940	Signature de l'armistice par le nouveau gouvernement du Maréchal Pétain, après l'occupation du nord de la France et de Paris. Partage de la France en deux zones: – zone occupée (Nord, Centre, côte de l'Atlantique jusqu'à Bordeaux), – zone libre. Siège du gouvernement non à Paris, mais à Vichy (régime de Vichy): – régime autoritaire en rupture avec la tradition républicaine – politique de collaboration avec l'occupant.
6 nov. 1942	Après le débarquement des troupes anglo-américaines au Maroc et en Algérie, les Allemands occupent également la «zone libre».
3 juin 1943	Constitution à Alger du Comité français de libération nationale, dont le général de Gaulle prend la tête, et qui devint, en 1944, Gouvernement provisoire de la République française.
6 juin 1944	Débarquement allié en Normandie.
25 août 1944	Libération de Paris.
8 mai 1945	Capitulation de l'armé allemande.

Vie et œuvre de Saint-Exupéry (Unité 1)

1900 Antoine de Saint-Exupéry est né avec le siècle, d'une famille aristocratique. A l'âge de quatre ans, il perdit son père mais il connut, malgré cette absence, une enfance choyée et heureuse, dont le cadre fut celui des châteaux de famille.
Le rayonnement de ces années qui lui servirent tout au long de sa vie d'adulte de point de repère, a profondément marqué son œuvre.

1909–1917 Années de collège, mouvementées et sans grand éclat. La passion de Saint-Exupéry ne va pas aux études mais déjà à l'aviation qui le fascine par sa technique et les aventures qu'elle évoque. Poésie et dessins meublent ses loisirs.

1919 Après le baccalauréat, Saint-Exupéry prépare le grand concours de l'Ecole navale, mais y échoue. Il décide alors de suivre les cours de l'Ecole des Beaux-Arts.

1921 Il part au service militaire, dans l'Armée de l'Air. Il apprend à piloter et a un premier accident sans gravité, suivi d'un autre en 1923.
Dès lors, les dés sont jetés. Les années qui suivirent retracent ses efforts pour faire de l'aviation son métier, or, à cette époque de pionniers, le vol était une aventure où l'on risquait sa vie.

1926 Il doit d'abord se contenter de situations qui l'ennuient, avant d'avoir la chance d'être engagé par la Société d'aviation Latécoère, qui projetait d'installer une ligne postale aérienne intercontinentale. Il devient pilote de ligne et assure le transport du courrier Toulouse-Casablanca-Dakar, dans l'équipe des pionniers Mermoz, Guillaumet …
A partir de ce moment-là, les étapes de sa vie se reflètent dans sa carrière littéraire.

1927 Saint-Exupéry se retrouve chef d'escale à Cap Juby dans le Rio de Oro, zone insoumise dans le Maroc espagnol, où pendant dix-huit mois, il fait sa première expérience du désert.
C'est là qu'il écrit *Courrier Sud*, reportage romancé qui paraît en 1928.
Dès lors, Saint-Exupéry est pris par la magie du désert. Cette réalité devient une image clé de son œuvre, sous la forme d'une étendue symbolique.

1929 Il est nommé, à Buenos Aires, directeur de la Compagnie Aeroposta Argentina et chargé d'établir la liaison vers la Patagonie. C'est l'époque héroïque des premiers vols de nuit.

1931	Il écrit son deuxième reportage romancé, *Vol de Nuit,* qui obtient le Prix Fémina. A la suite d'années difficiles – ennuis personnels, accident d'avion – il parvient à entrer à Air France. Il se voit confier une série de conférences et reportages à l'étranger.
1935	Il essaie de battre le record Paris–Saïgon, mais il doit faire un atterrissage forcé en plein désert et ne sera sauvé qu'à la dernière minute par des Bédouins. Cet épisode sera raconté en détail dans son prochain livre.
1939	Le pilote décide de tenter un raid New York–Terre de Feu. Au départ du Guatemala, il a un très grave accident. Pendant sa convalescence à New York, il écrit *Terre des Hommes,* témoignage personnel qui paraît en 1939 et se voit couronné du Grand Prix du Roman de l'Académie française.
4 sept. 1939	Après la déclaration de la guerre, Saint-Exupéry rentre aussitôt de New York pour se faire mobiliser. Il fait de nombreuses démarches afin qu'on lui confie des missions de reconnaissance toutes très dangereuses.
22 mai 1940	Il est chargé d'une mission sur Arras. *Flight to Arras,* tel sera le thème et le titre américain de son prochain livre, *Pilote de Guerre.*
août 1940	Il est démobilisé et songe peu de temps après à regagner les Etats-Unis, via Lisbonne.
déc. 1940	Saint-Exupéry part pour New York. Suivent les difficiles moments de l'exil, marqués par la solitude et souvent l'incompréhension de ceux qui l'entourent.
fév. 1942	Il y écrit *Pilote de Guerre,* récit tiré de sa propre expérience et méditation sur l'absurdité de la guerre, véritable défi à *Mein Kampf.* Paru à New York, ce livre devient aussitôt un best-seller, tandis qu'en France, les Allemands le font interdire.
29 nov. 1942	A la radio de New York, Saint-Exupéry lance un appel à l'union des Français.
fév. 1943	L'exil lui dicte un dernier témoignage direct, *Lettre à un Otage,* destiné à son ami Léon Werth, resté en France.
avril 1943	Paraît à New York le conte que son éditeur aurait aimé publier pour Noël 1942, *le Petit Prince,* qui connaît un succès immédiat.
mai 1943	Le pilote ne peut se résoudre à l'inactivité et est décidé à reprendre le combat. Il reçoit enfin sa feuille d'embarquement pour rejoindre les troupes en Afrique du Nord. Il parvient, malgré son âge, à se faire confier quelques missions.

juil. 1944 Il s'envole de Corse pour la dernière mission qu'on lui ait accordée. Il n'en reviendra pas.
Il laisse une œuvre inachevée, *Citadelle*, vaste poème allégorique aux accents bibliques, dont le cadre est une fois de plus le désert.

Lettre à un Otage (Unité 1)

Publié quelques mois avant le Petit Prince, *ce témoignage marqué par l'exil de l'auteur, s'adresse aussi à Léon Werth, l'ami dont il est question dans l'extrait suivant.*

La France, décidément n'était pour moi ni une déesse abstraite ni un concept d'historien, mais bien une chair dont je dépendais, un réseau de liens qui me régissait, un ensemble de pôles qui fondait les pentes de mon cœur. J'éprouvais le besoin de sentir plus solides et plus durables que moi-même ceux dont j'avais besoin pour m'orienter. Pour connaître ou revenir. Pour exister. [...]
Et voici qu'aujourd'hui où la France, à la suite de l'occupation totale, est entrée en bloc dans le silence avec sa cargaison, comme un navire tous feux éteints dont on ignore s'il survit ou non aux périls de mer, le sort de chacun de ceux que j'aime me tourmente plus gravement qu'une maladie installée en moi. Je me découvre menacé dans mon essence par leur fragilité.
Celui qui, cette nuit-ci, hante ma mémoire est âgé de cinquante ans. Il est malade. Et il est juif. Comment survivrait-il à la terreur allemande? Pour imaginer qu'il respire encore, j'ai besoin de le croire ignoré de l'envahisseur, abrité en secret par le beau rempart de silence des paysans de son village. Alors seulement je crois qu'il vit encore. Alors seulement, déambulant au loin dans l'empire de son amitié, lequel n'a point de frontières, il m'est permis de me sentir non émigrant, mais voyageur. Car le désert n'est pas là où l'on croit. Le Sahara est plus vivant qu'une capitale et la ville la plus grouillante se vide si les pôles essentiels de la vie sont désaimantés.

Antoine de Saint-Exupéry, *Lettre à un Otage*, Paris: Gallimard (Folio), p. 22–23.

Le désert (Unité 3)

Rappel d'un épisode précis

En 1935, le pilote décide de battre le record Paris–Saïgon sur un «Simoun». Il part de Benghazi le 29 décembre et échoue quatre heures plus tard dans le désert de Libye. Ce n'est que le mercredi 1er janvier que, mourant de soif, son mécanicien et lui seront recueillis par une caravane. Le chapitre VII de Terre des Hommes *fait revivre en détail cet épisode.*

Le désert? Il m'a été donné de l'aborder un jour par le cœur. Au cours d'un raid vers l'Indochine, en 1935, je me suis retrouvé en Egypte, sur les confins de la Libye, pris dans les sables comme dans une glu et j'ai cru en mourir.

Antoine de Saint-Exupéry, *Terre des Hommes*, Paris: Gallimard (Folio), p. 110.

Les mirages

Le désert est aussi le lieu où l'absence d'eau et la chaleur créent l'apparition de mirages, lors desquels l'homme ne peut plus distinguer le réel de l'imaginaire. Saint-Exupéry décrit à diverses reprises ces hallucinations et la profonde déception qu'elles provoquent:

Encore une heure de marche … Encore cinq cents mètres. Encore cent mètres. Encore cinquante.
– Ah.
Je me suis arrêté stupéfait. La joie va m'inonder le cœur et j'en contiens la violence. Prévot [le mécanicien], illuminé par le brasier, cause avec deux Arabes adossés au moteur. Il ne m'a pas encore aperçu. Il est trop occupé par sa propre joie. Ah! si j'avais attendu comme lui … je serais déjà délivré! Je crie joyeusement:
– Ohé!
Les deux Bédouins sursautent et me regardent. Prévot les quitte et s'avance seul au devant de moi. J'ouvre les bras. Prévot me retient par le coude, j'allais donc tomber? Je lui dis:
– Enfin, ça y est.
– Quoi?
– Les Arabes!
– Quels Arabes?
– Les Arabes qui sont là, avec vous! …
Prévot me regarde drôlement, et j'ai l'impression qu'il me confie, à contrecœur, un lourd secret:
– Il n'y a point d'Arabes …
Sans doute, cette fois, je vais pleurer.

Terre des Hommes, p. 140–141.

Souvenirs d'enfance et jeu de la mémoire

Dans les moments les plus difficiles, égaré au cœur du désert, à l'heure de la mort, Saint-Exupéry voit surgir des souvenirs d'enfance qui viennent peupler la solitude de l'instant et offrir, à l'opposé des mirages, un réel point de repère.

Et je méditai sur ma condition, perdu dans le désert et menacé, nu entre le sable et les étoiles, éloigné des pôles de ma vie par trop de silence. Car je savais que j'userais à les rejoindre, des jours, des semaines, des mois, si nul avion ne me retrouvait […] Ici, je ne possédais plus rien au monde. Je n'étais rien qu'un mortel égaré entre du sable et des étoiles, conscient de la seule douceur de respirer …

Et cependant je me découvris plein de songes. [...]
Il n'y eut point de voix, ni d'images, mais le sentiment d'une présence, d'une amitié très proche et déjà à demi devinée. Puis, je compris et m'abandonnai, les yeux fermés, aux enchantements de ma mémoire.
Il était, quelque part, un parc chargé de sapins noirs et de tilleuls, et une vieille maison que j'aimais. Peu importait qu'elle fût éloignée ou proche, qu'elle ne pût ni me réchauffer dans ma chair ni m'abriter, réduite ici au rôle de songe: il suffisait qu'elle existât pour remplir ma nuit de sa présence. Je n'étais plus ce corps échoué sur une grève, je m'orientais, j'étais l'enfant de cette maison, plein du souvenir de ses odeurs, plein de la fraîcheur de ses vestibules, plein des voix qui l'avaient animée.

Terre des Hommes, p. 64–65. © Editions Gallimard

L'expérience du désert: une source d'enrichissement spirituel

Derrière les apparences négatives – solitude, dénuement, uniformité, ennui – se cache une découverte positive: l'égarement premier s'efface derrière une nouvelle orientation. Aux pôles réels que sont les étoiles, les puits, ou les oasis, viennent se juxtaposer des pôles irréels faits de souvenirs intimes. Le désert offre à l'homme un miroir dans lequel il se reflète lui-même.

Le Sahara, c'est en nous qu'il se montre. L'aborder, ce n'est point visiter l'oasis. C'est faire notre religion d'une fontaine.

Terre des Hommes, p. 78. © Editions Gallimard

Le désert? C'était ce qui naissait en nous. Ce que nous apprenions sur nous-mêmes.

Terre des Hommes, p. 96. © Editions Gallimard

La magie du désert (Unités 3 et 8)

J'ai vécu trois années dans le Sahara. J'ai rêvé, moi aussi, après tant d'autres, sur sa magie. Quiconque a connu la vie saharienne , où tout, en apparence, n'est que solitude et dénuement, pleure cependant ces années-là comme les plus belles qu'il ait vécues. Les mots «nostalgie du sable, nostalgie de la solitude, nostalgie de l'espace» ne sont que formules littéraires, et n'expliquent rien. [...]
Certes le Sahara n'offre, à perte de vue, qu'un sable uniforme, ou plus exactement, car les dunes y sont rares, une grève caillouteuse. On y baigne en permanence dans les conditions mêmes de l'ennui. Et cependant d'invisibles divinités lui bâtissent un réseau de directions, de pentes et de signes, une musculature secrète et vivante. Il n'est plus d'uniformité. Tout s'oriente. Un silence même n'y ressemble pas à l'autre silence. [...]

Tout se polarise. Chaque étoile fixe une direction véritable. Elles sont toutes étoiles de Mages. Elles servent toutes leur propre dieu. Celle-ci désigne la direction d'un puits lointain, dur à gagner. Et l'étendue qui vous sépare de ce puits pèse comme un rempart. Celle-là désigne la direction d'un puits tari. Et l'étoile elle-même paraît sèche. Et l'étendue qui vous sépare du puits tari n'a point de pente. Telle autre étoile sert de guide vers une oasis inconnue que les nomades vous ont chantée, mais que la dissidence vous interdit. Et le sable qui vous sépare de l'oasis est pelouse de contes de fées. [...]
Enfin des pôles presque irréels aimantent de très loin ce désert: une maison d'enfance qui demeure vivante dans le souvenir. Un ami dont on ne sait rien, sinon qu'il est.
Ainsi vous sentez-vous tendu et vivifié par le champ des forces qui tirent sur vous ou vous repoussent, vous sollicitent ou vous résistent. Vous voici bien fondé, bien déterminé, bien installé au centre de directions cardinales.
Et comme le désert n'offre aucune richesse tangible, comme il n'est rien à voir ni à entendre dans le désert, on est bien contraint de reconnaître, puisque la vie intérieure loin de s'y endormir s'y fortifie, que l'homme est animé d'abord par des sollicitations invisibles. L'homme est gouverné par l'Esprit. Je vaux, dans le désert, ce que valent mes divinités.

Lettre à un Otage, p. 19–21.

Le voyage interplanétaire (Unité 5)

Les deux visages de Saint-Exupéry – pilote et écrivain – se superposent dans la plupart des ses œuvres. Aussi est-ce facile d'imaginer comment le regard du pilote qui survole une région habitée et découvre sous lui une multitude de lumières, toutes reflets d'une présence humaine, transforme ces signaux en étoiles, en planètes habitées, dont l'exploration constitue la trame du voyage du petit prince. Le passage suivant, page d'introduction de Terre des Hommes, *illustre cette optique:*

L'homme se découvre quand il se mesure avec l'obstacle. Mais pour l'atteindre, il lui faut un outil. Il lui faut un rabot, ou une charrue. Le paysan, dans son labour, arrache peu à peu quelques secrets à la nature, et la vérité qu'il dégage est universelle. De même l'avion, l'outil des lignes aériennes, mêle l'homme à tous les vieux problèmes.
J'ai toujours devant les yeux, l'image de ma première nuit de vol en Argentine, une nuit sombre où scintillaient seules, comme des étoiles, les rares lumières éparses dans la plaine.
Chacune signalait, dans cet océan de ténèbres, le miracle d'une conscience. Dans ce foyer, on lisait, on réfléchissait, on poursuivait des confidences. Dans cet autre, peut-être, on cherchait à sonder l'espace, on s'usait en calcul sur la nébuleuse d'Andromède. Là on aimait. De loin en loin luisaient ces feux dans la

campagne qui réclamaient leur nourriture. Jusqu'aux plus discrets, celui du poète, de l'instituteur, du charpentier. Mais parmi ces étoiles vivantes, combien de fenêtres fermées, combien d'étoiles éteintes, combien d'hommes endormis ... Il faut bien tenter de se rejoindre. Il faut bien essayer de communiquer avec quelques-uns de ces feux qui brûlent de loin en loin dans la campagne.

Terre des Hommes, p. 9–10.

Le roi de France vu par un Persan (Unité 5)

Dans les Lettres Persanes, *Montesquieu suppose que deux Persans, Usbek et Rica, ont entrepris un voyage en Europe et qu'ils séjournent en France de 1711 à 1720. Ecrivant à leurs compatriotes, ils font part, chacun selon son tempérament, de leurs découvertes et de leurs impressions.*

Le roi de France est vieux. Nous n'avons point d'exemples dans nos histoires d'un monarque qui ait si longtemps régné. On dit qu'il possède à un très haut degré le talent de se faire obéir: il gouverne avec le même génie sa famille, sa cour, son état. On lui a souvent entendu dire que, de tous les gouvernements du monde, celui des Turcs ou celui de notre auguste sultan lui plairait le mieux, tant il fait cas de la politique orientale.

J'ai étudié son caractère, et j'y ai trouvé des contradictions qu'il m'est impossible de résoudre. Par exemple: il a un ministre qui n'a que dix-huit ans, et une maîtresse qui en a quatre-vingts; il aime sa religion, et il ne peut souffrir ceux qui disent qu'il la faut observer à la rigueur; quoiqu'il fuie le tumulte des villes, et qu'il se communique peu, il n'est occupé, depuis le matin jusques au soir, qu'à faire parler de lui; il aime les trophées et les victoires, mais il craint autant de voir un bon général à la tête de ses troupes, qu'il aurait sujet de le craindre à la tête d'une armée ennemie. Il n'est, je crois, jamais arrivé qu'à lui d'être, en même temps, comblé de plus de richesses qu'un prince n'en saurait espérer, et accablé d'une pauvreté qu'un particulier ne pourrait soutenir.

Il aime à gratifier ceux qui le servent; mais il paye aussi libéralement les assiduités ou plutôt l'oisiveté de ses courtisans, que les campagnes laborieuses de ses capitaines. Souvent il préfère un homme qui le déshabille, ou qui lui donne la serviette quand il se met à table, à un autre qui lui prend des villes ou lui gagne des batailles. [...]

Il est magnifique, surtout dans ses bâtiments: il y a plus de statues dans les jardins de son palais que de citoyens dans une grande ville. Sa garde est aussi forte que celle du prince devant qui tous les trônes se renversent. Ses armées sont aussi nombreuses; ses ressources, aussi grandes; et ses finances, aussi inépuisables.

A Paris, le 7 de la lune de Maharram, 1713.

Lettres Persanes (1721), XXXVII.

L'avion et la planète (Unité 6)

L'avion est une machine sans doute, mais quel instrument d'analyse! Cet instrument nous a fait découvrir le vrai visage de la terre. Les routes, en effet, durant des siècles, nous ont trompés. [...] Elles évitent les terres stériles, les rocs, les sables, elles épousent les besoins de l'homme et vont de fontaine en fontaine. Elles conduisent les campagnards de leurs granges aux terres à blé, reçoivent au seuil des étables le bétail encore endormi et le versent, dans l'aube, aux luzernes. Elles joignent ce village à cet autre village, car de l'un à l'autre on se marie. Et si même l'une d'elles s'aventure à franchir un désert, la voilà qui fait vingt détours pour se réjouir des oasis.

Ainsi trompés par leurs inflexions comme par autant d'indulgents mensonges, ayant longé, au cours de nos voyages, tant de terres bien arrosées, tant de vergers, tant de prairies, nous avons longtemps embelli l'image de notre prison. Cette planète, nous l'avons crue humide et tendre.

Mais notre vue s'est aiguisée, et nous avons fait un progrès cruel. Avec l'avion, nous avons appris la ligne droite. A peine avons-nous décollé nous lâchons ces chemins qui s'inclinent vers les abreuvoirs et les étables, ou serpentent de ville en ville. Affranchis désormais des servitudes bien-aimées, délivrés du besoin des fontaines, nous mettons le cap sur nos buts lointains. Alors seulement, du haut de nos trajectoires rectilignes, nous découvrons le soubassement essentiel, l'assise de rocs, de sable, et de sel, où la vie, quelquefois comme un peu de mousse au creux des ruines, ici et là se hasarde à fleurir. [...]

Nous voilà donc jugeant l'homme à l'échelle cosmique, l'observant à travers nos hublots, comme à travers des instruments d'étude. Nous voilà relisant notre histoire.

Terre des Hommes, p. 55–56.

Le motif du renard (Unité 7)

Le lecteur peut être surpris de la fonction que Saint-Exupéry accorde au renard dans ce récit. Il est habitué à l'image traditionnelle telle qu'elle s'est imposée au cours des siècles dans les légendes et fables (motif de nombreuses fables d'Esope, par exemple). La symbolique chrétienne lui confère aussi une chaîne sans fin de vices – mensonge, hypocrisie, excès, avidité, etc. – (cf. la représentation plastique du renard, incarnation du Mal, dans les églises du Moyen Age en Allemagne, France, Italie). Il n'apparaît sous un visage positif que dans les contes.

Voici la façon dont il se présente lui-même dans le célèbre Roman de Renart, *dont il est le personnage principal:*

Renard:
Je suis le renard, un joli animal aux grands poils jaunes et au ventre blanc. J'ai une longue queue et quand je marche, elle est tendue vers le ciel.

Je suis fort et je cours vite et longtemps.
Je suis petit et peux passer partout. Je creuse ma maison, entre les pierres, profondément.
Je suis adroit et j'attrape une mouche aussi facilement qu'un poulet.
Je suis intelligent. Je vois plus loin que les autres animaux et que beaucoup de garçons.
Isengrin (le loup):
Tu parles trop, Renard, et tu penses trop de bien de toi. Le premier des animaux, ce n'est pas toi, c'est moi, Isengrin le loup.

Le Roman de Renard, Texte en français facile, Hachette, p. 6.

Le renard de Saint-Exupéry est aussi une réalité concrète, bien que différente. Il vient d'un autre monde, celui du désert, s'appelle «fénech», et il a en effet distrait le pilote lors de ses heures de solitude et d'angoisse dans le Sahara:

De quoi vivent-ils ces animaux, dans le désert? Ce sont sans doute des «fénechs» ou renards des sables, petits carnivores gros comme des lapins et ornés d'énormes oreilles. Je ne résiste pas à mon désir et je suis les traces de l'un d'eux. Elles m'entraînent vers une étroite rivière de sable où tous les pas s'impriment en clair. J'admire la jolie palme que forment trois doigts en éventail. J'imagine mon ami trottant doucement à l'aube, et léchant la rosée sur les pierres. Ici les traces s'espacent: mon fénech a couru. Ici un compagnon est venu le rejoindre et ils ont trotté côte à côte. J'assiste ainsi avec une joie bizarre à cette promenade matinale. J'aime ces signes de la vie. Et j'oublie un peu que j'ai soif. [...]
Les traces me ramènent au terrier. Le fénech est là qui m'écoute sans doute, épouvanté par le grondement de mon pas. Et je lui dis: «Mon petit renard, je suis foutu, mais c'est curieux, cela ne m'a pas empêché de m'intéresser à ton humeur ...»

Terre des Hommes, p. 134–135.

La comparaison d'une telle page avec le passage du renard dans le Petit Prince *montre de façon exemplaire le changement de style entre les œuvres précédentes de Saint-Exupéry et ce conte. Elle illustre le glissement d'un motif et d'une expérience réelle dans le domaine de l'imaginaire et du merveilleux.*
L'écrivain reste fidèle à la tradition du conte lorsqu'il attribue à un animal le rôle de transmettre un message, celui que recherchaient ici parallèlement et avec la même intensité le petit prince et le pilote.

La symbolique de l'eau (Unité 9)

Ayant dû faire, à plusieurs reprises, des atterrissages dans le désert, Saint-Exupéry a compris, avec toutes les fibres de son corps, l'importance vitale de l'eau:

Adieu, vous que j'aimais. Ce n'est point ma faute si le corps humain ne peut résister trois jours sans boire. Je ne me croyais pas prisonnier ainsi des fontaines. Je ne soupçonnais pas une aussi courte autonomie. On croit que l'homme peut s'en aller devant soi. On croit que l'homme est libre … On ne voit pas le cordon qui le rattache au puits, qui le rattache, comme un cordon ombilical, au ventre de la terre. S'il fait un pas de plus, il meurt.

Terre des Hommes, p. 150–151.

L'eau semble avoir une force miraculeuse, capable de ressusciter un mourant; elle est symbole de pureté et de vie:

L'eau!
Eau, tu n'as ni goût, ni couleur, ni arôme, on ne peut pas te définir, on te goûte, sans te connaître. Tu n'es pas nécessaire à la vie: tu es la vie. Tu nous pénètres d'un plaisir qui ne s'explique point par les sens. Avec toi rentrent en nous tous les pouvoirs auxquels nous avions renoncé. Par ta grâce, s'ouvrent en nous toutes les sources taries de notre cœur.
Tu es la plus grande richesse qui soit au monde, et tu es aussi la plus délicate, toi si pure au ventre de la terre. […]
Tu répands en nous un bonheur infiniment simple.

Terre des Hommes, p. 158.

En reprenant la symbolique de l'eau, Saint-Exupéry renoue une fois de plus avec la tradition biblique, dans laquelle l'eau est don de Dieu et la sécheresse l'expression de sa malédiction. Voici un passage tiré du Nouveau Testament, dans lequel l'eau a un sens très proche de celui qu'expriment les lignes du Petit Prince:

Comme il fallait qu'il passât par la Samarie, il arriva dans une ville de Samarie, nommée Sychar, près du champ que Jacob avait donné à Joseph, son fils. Là se trouvait le puits de Jacob. Jésus, fatigué du voyage, était assis au bord du puits. C'était environ la sixième heure.
Une femme de Samarie vint puiser de l'eau. Jésus lui dit: Donne-moi à boire. Car ses disciples étaient allés à la ville pour acheter des vivres. La femme samaritaine lui dit: Comment toi, qui es Juif, me demandes-tu à boire, à moi qui suis une femme samaritaine? – Les Juifs, en effet, n'ont pas de relations avec les Samaritains. – Jésus lui répondit: Si tu connaissais le don de Dieu et qui est celui qui te dit: Donne-moi à boire! tu lui aurais toi-même demandé à boire, et il t'aurait donné de l'eau vive. Seigneur, lui dit la femme, tu n'as rien pour puiser, et le puits est profond; d'où aurais-tu donc cette eau vive? Es-tu plus grand que notre père Jacob, qui nous a donné ce puits, et qui en a bu lui-même, ainsi que ses fils et ses troupeaux? Jésus lui répondit: Quiconque boit de cette eau aura encore soif; mais celui qui boira de l'eau que je lui donnerai n'aura jamais soif, et l'eau que je lui donnerai deviendra en lui une source d'eau qui jaillira jusque dans la vie éternelle.
Jean 4, 4–14.

Pourquoi le petit prince meurt-il? (Unité 9)

Dans son interprétation du Petit Prince, *Marie-Anne Barbéris a analysé de façon détaillée dans quelle mesure le livre de Saint-Exupéry correspond au schéma traditionnel du conte. Après avoir relevé bien des analogies – départ du jeune héros, voyages, épreuves, découverte d'un secret – elle constate que la mort du petit prince reste un moment inattendu qui garde tout son mystère:*

La fin du *Petit Prince* n'entre pas dans la règle des dénouements heureux. Le héros d'ordinaire rentre chez lui, se marie et a beaucoup d'enfants ... A défaut il vit heureux entre des parents qui le chérissent. Mais le petit prince, lui, s'il retourne sur sa planète ne va y retrouver personne, pas même peut-être sa rose, puisqu'entretemps il a appris que les fleurs sont éphémères. Curieusement le merveilleux s'effrite à la fin du texte et les détails «réels», jusqu'alors gommés du récit, reviennent en foule: ainsi, pour la première fois, l'enfant parle-t-il du temps écoulé depuis son départ. [...]
Sans doute tous les contes sont-ils ainsi semés d'indications temporelles: mais elles n'ont pas la même fonction. Il s'agit de mesurer la durée d'un apprentissage, d'une captivité, d'une épreuve. Ici, il s'agit de mourir et la mort du petit prince est donnée à la fois comme brutalement réaliste [...] et comme presque magique, parce qu'elle ressemble à un voyage ultra-rapide au travers des étoiles. [...]
Il reste bien un mystère du petit prince: pourquoi meurt-il – s'il s'agit bien d'une «vraie» mort! – au moment où il a trouvé un secret, un ami-renard et presque un ami-homme? Pour revoir une rose? Non, puisque l'essentiel de ce qu'il avait à comprendre et à faire comprendre s'est passé sur la terre et non sur son astéroïde natal. Alors pourquoi avoir ainsi tué cet enfant blond? Mais on assassine partout Mozart[1]. A force d'avoir tué en eux ce qui restait d'enfance, les hommes ont rendu la terre déserte.

Marie-Anne Barbéris, *Le Petit Prince de Saint-Exupéry*, Paris: Ed. Larousse (Textes pour aujourd'hui), 1976, p. 16–17.

---

1 Allusion à une page célèbre de *Terre des Hommes*.

Vocabulaire

Les renvois aux pages et aux lignes se réfèrent à l'édition «Folio junior» (Klettbuch 59714).

I

9 2 **la forêt vierge** forêt tropicale, à la végétation variée – 3 **vécu,e** *ici:* vrai – 4 **un fauve** animal sauvage – 6 **la proie** victime dont s'empare un animal – **mâcher** écraser avec les dents avant d'avaler – 8 **la digestion** (*verbe:* digérer) transformation des aliments absorbés

10 8 **laisser de côté** *ici:* renoncer à – 13 **décourager** ôter le désir de faire qc – **un insuccès** échec, *contr. de:* succès – 22 **s'égarer** se perdre – 24 **des tas de** beaucoup de – 27 **améliorer** rendre meilleur

11 2 **lucide** qui voit ou comprend clairement les choses – 4 **compréhensif,ve** capable de comprendre les autres – 7 **se mettre à la portée de qn** se mettre à son niveau – 10 **raisonnable** dont la conduite est dictée par la raison

II

11 20 **un mille** mesure qui valait mille pas chez les Romains – 21 **un naufragé** celui dont le navire est descendu au fond de l'eau – **un radeau** plate-forme de bois pouvant flotter – 27 **frapper** *ici:* toucher, atteindre

12 1 **la foudre** décharge électrique qui se produit dans l'atmosphère – 5 **ravissant,e** très joli – 19 **doucement** sans élever la voix – 22 **un mystère** chose surprenante, difficile à comprendre – 26 **un stylographe** stylo à plume

14 2 **être capable de** pouvoir – 3 **stupéfait,e** très surpris – 7 **encombrer** prendre trop de place – 14 **l'indulgence** *f* qualité de qn qui pardonne facilement – 17 **un bélier** mouton mâle – 19 **précédent,e** qui vient avant – 23 **faute de** par manque de – **avoir hâte de** être pressé de – 24 **le démontage** action de défaire pièce par pièce – 25 **griffonner** dessiner rapidement – 29 **s'illuminer** s'éclairer – 30 **un juge** personne chargée de rendre la justice

III

16 1 **modestement** sans fierté – 3 **éclater de rire** se mettre à rire brusquement – 4 **irriter** mettre un peu en colère – 8 **entrevoir** apercevoir – **une lueur** une petite lumière – 11 **hocher la tête** la secouer de bas en haut ou de droite à gauche – 15 **s'enfoncer** s'absorber – **une rêverie** suite de réflexions – 16 **se plonger** s'absorber – 17 **la contemplation** observation attentive – 18 **intriguer** exciter la curiosité – 19 **une confidence** communication d'une chose secrète – 27 **un piquet** pièce de bois qu'on enfonce dans la terre

IV

18 9 **sa planète d'origine** la planète d'où il vient – 17 **avoir beaucoup de mal** avoir des difficultés

19 13 **la réputation** opinion favorable ou défavorable – 14 **imposer** ordonner – **la peine de mort** peine capitale, exécution – 19 **confier** *ici:* dire en confidence – 22 **l'essentiel** *m* ce qui est le plus important – 24 **le papillon** Schmetterling

20 3 **la colombe** *litt.* pigeon – 10 **hausser les épaules** les lever en signe de mépris

– 11 **traiter qn de** le qualifier de – 13 **convaincre** amener à reconnaître une vérité – 15 **en vouloir à qn** avoir un sentiment de colère envers qn – **indulgent,e** tolérant – 25 **à la légère** sans prendre au sérieux – 26 **éprouver du chagrin** être profondément triste

21 1 **se remettre au dessin** recommencer à dessiner – 2 **la tentative** essai – 9 **tâtonner** faire plusieurs essais pour trouver la solution – 10 **tant bien que mal** so gut es eben geht

V

21 20 **le baobab** grand arbre d'Afrique (Affenbrotbaum) – 25 **un arbuste** Busch, Strauch

22 8 **venir à bout de** *ici:* réussir à manger – 12 **la sagesse** *ici:* intelligence – 18 **une évidence** ce qui ne laisse aucune doute – 22 **une graine** Samenkorn – 25 **invisible** qu'on ne peut voir – 27 **il leur prend fantaisie** il leur vient à l'esprit – 30 **s'étirer** s'allonger – 32 **une brindille** petite branche

23 1 **inoffensif,ve** sans effet nuisible – 4 **dès que** aussitôt que – 6 **le sol en était infesté** il en était envahi (comme par des parasites) – 7 **s'y prendre** se mettre à s'occuper de – 9 **encombrer** *ici:* recouvrir, occuper – **perforer** faire un trou, percer – **la racine** Wurzel

24 3 **soigneusement** avec soin, de façon précise et scrupuleuse – 4 **s'astreindre** s'obliger – 7 **ennuyeux,se** qui cause de l'ennui, monotone – 9 **faire entrer dans la tête** faire retenir – 11 **un inconvénient** *contr. de:* avantage – 12 **remettre qc à plus tard** décider de faire qc plus tard – 14 **négliger** *ici:* oublier, ne pas tenir compte de – 16 **une indication** renseignement, instruction – 17 **prendre le ton** parler à la façon de – 18 **courir un risque** s'exposer à un danger – 21 **la réserve** qualité de celui qui se garde de porter des jugements – 22 **frôler** passer très près de – 25 **valoir la peine** être assez important pour qu'on se donne la peine – 29 **être animé** *ici:* être poussé, avoir comme motif – 30 **l'urgence** *f* nécessité d'agir vite

VI

26 3 **la distraction** ce qui amuse ou change les idées – **la douceur** ce qui procure un plaisir

27 7 **le crépuscule** lumière qui suit le coucher du soleil

VII

27 18 **avec brusquerie** tout à coup – **un préambule** paroles vagues qui ne vont pas directement au fait – 23 **une épine** Dorn – 27 **dévisser** défaire les vis (Schrauben) – **un boulon** Bolzen – **serré,e** *ici:* festgeschraubt – 28 **soucieux,se** inquiet

28 1 **épuiser** consommer, utiliser jusqu'à ce qu'il ne reste plus rien – 8 **la méchanceté** *contr. de:* bonté – 11 **la rancune** ressentiment qu'on garde après une offense – 13 **se rassurer** *contr. de:* s'inquiéter – 17 **un marteau** Hammer – 26 **le cambouis** Schmiere – 28 **la honte** sentiment venant d'une faute commise – **impitoyable** sans pitié – 29 **mélanger** prendre une chose pour une autre – 31 **doré,e** couleur d'or

29 1 **cramoisi,e** très rouge – **respirer** *ici:* sentir le parfum – 3 **une addition** opération mathématique qui consiste à ajouter un chiffre à un autre –

6 **gonfler** faire augmenter de volume – 31 **nulle part** à aucun endroit – **sauf** excepté

30 1 **anéantir** détruire complètement – 12 **éclater en sanglots** se mettre à pleurer très fort – 16 **consoler qn** soulager qn dans sa tristesse – 17 **bercer qn** balancer comme dans un berceau – 19 **une muselière** ce qu'on attache au museau pour empêcher un animal de mordre – 20 **une armure** Rüstung

VIII

30 26 **orner** décorer – **le pétale** Blütenblatt

31 1 **germer** commencer à pousser – 5 **un genre de** une sorte de – 6 **croître** pousser – 7 **le bouton** fleur non épanouie – 8 **miraculeux,se** *ici:* extraordinaire – 10 **à l'abri de** protégé par – 11 **ajuster** arranger avec soin – 12 **fripé,e** *contr. de:* lisse (zerknittert) – 13 **le coquelicot** Klatschmohn – 19 **bâiller** ouvrir la bouche involontairement, par ex. lorsqu'on a sommeil – 21 **être décoiffé,e** avoir les cheveux dérangés – 22 **contenir** *ici:* retenir – 28 **deviner** parvenir à connaître par intuition – 30 **modeste** qui a une opinion modérée de soi-même (bescheiden)

32 6 **confus,e** qui est embarrassé par honte – 11 **tourmenter** faire souffrir moralement – 12 **la vanité** caractère d'une personne qui a une trop haute opinion d'elle-même – **ombrageux,se** *ici:* qui se vexe facilement – 14 **une griffe** Klaue – 15 **objecter** répondre pour réfuter une opinion – 21 **un paravent** spanische Wand – 26 **un globe** demi-sphère de verre (Glasglocke)

33 2 **humilié,e** blessé moralement (gedemütigt) – 6 **mettre qn dans son tort** faire en sorte que qn reconnaisse qu'il a commis une faute – 11 **infliger** *ici:* faire naître, causer – 12 **le remords** douleur morale à cause d'une faute qu'on a commise – 18 **embaumer** parfumer – 20 **agacer** irriter, énerver – **attendrir qn** faire naître en lui un sentiment de pitié – 28 **une ruse** moyen habile qu'on emploie pour tromper – 29 **contradictoire** plein de contradictions

IX

34 1 **l'évasion** *f* action de s'évader; *ici:* départ précipité – **la migration d'oiseaux** déplacement périodique de certains oiseaux – 3 **ramoner** nettoyer (une cheminée) – 5 **commode** pratique – 16 **familier,ière** que l'on fait par habitude – 26 **sot, sotte** *contr. de:* intelligent – 27 **tâcher** essayer – 28 **l'absence** *f* manque

36 1 **déconcerter** jeter dans l'incertitude – 11 **une chenille** Raupe – 13 **sinon qui** qui, à part ça – 18 **traîner** *contr. de:* se dépêcher

X

36 24 **s'instruire** apprendre des choses, enrichir son expérience – 25 **siéger** *ici:* être assis majestueusement

37 1 **un sujet** celui qui est soumis à l'autorité d'un souverain – 23 **intimider** remplir de gêne ou de peur – 27 **bredouiller** parler indistinctement – **vexer** blesser dans son amour-propre (verärgern) – 28 **tenir à ce que** accorder de l'importance au fait que – 32 **couramment** habituellement, souvent

38 4 **s'enquérir** demander – 7 **ramener** *ici:* tirer vers soi – **un pan** partie tombante du manteau – 10 **minuscule** très petit – **régner** gouverner – 28 **émerveiller** inspirer une grande admiration – 29 **détenir** tenir en sa possession

39 3 **s'enhardir** oser – **solliciter** demander avec respect – 4 **une grâce** faveur, bienfait

40 4 **fermement** *ici:* sans hésiter – 17 **consulter qc** chercher des renseignements dans

41 6 **autrui** les autres – 7 **un sage** personne qui a du savoir et mène une vie exemplaire – 14 **gracier un criminel** remettre sa peine (begnadigen) – 19 **les préparatifs** *m* ce qu'on fait pour se préparer à un voyage, p.ex. – 20 **peiner** causer du chagrin – 27 **un soupir** respiration forte et prolongée causée par un sentiment de regret, p.ex. – 28 **un ambassadeur** celui qui est envoyé par son gouvernement pour le représenter auprès du gouvernement d'un autre pays

XI

42 1 **un,e vaniteux,se** voir *vanité* (p.32, l.12) – 13 **acclamer qn** le saluer par des cris d'enthousiasme

44 2 **une louange** parole d'admiration envers qn – 13 **il s'en fut** il s'en alla

XII

44 16 **un buveur** qn qui boit beaucoup – 22 **l'air lugubre** qui exprime une sombre tristesse

45 4 **secourir** venir en aide à

XIII

45 24 **des balivernes** *f* propos sans importance

46 7 **un hanneton** Maikäfer – 8 **épouvantable** terrible – 11 **l'exercice** *m; ici:* mouvement – **flâner** se promener

47 8 **une abeille** Biene – 10 **rêvasser** se perdre dans des rêves – **un fainéant** un paresseux – 31 **raisonner** penser – 32 **un ivrogne** personne qui boit trop d'alcool

48 3 **riposter** répondre avec agressivité – **grincheux,se** qui est de mauvaise humeur – 12 **breveter** accorder un titre (un brevet) à un inventeur – 16 **gérer** administrer – 20 **un foulard** Halstuch – 28 **un tiroir** Schublade

XIV

49 16 **un réverbère** lanterne pour l'éclairage des rues

50 3 **aborder** *ici:* arriver sur – 7 **une consigne** instruction donnée à un militaire, un employé sur ce qu'il doit faire – 17 **s'éponger** s'essuyer – **à carreaux** kariert

52 16 **une enjambée** un grand pas – 26 **mépriser qn** juger qu'il a peu de valeur

53 4 **une planète bénie** planète placée sous la protection de Dieu

XV

53 7 **vaste** très grand, spacieux – 10 **un explorateur** personne qui fait un voyage de découverte – 12 **souffler** *ici:* reprendre haleine

55 3 **prendre en note** fixer par écrit – 5 **une enquête** recherches méthodiques se basant sur des témoignages – 22 **fournir** produire, apporter – 25 **s'émouvoir** être impressionné, se troubler – 28 **tailler** rendre pointu

56 9 **éphémère** de courte durée – 12 **se démoder** cesser d'être à la mode –

15 **éternel,le** *ici:* qui ne changera jamais – 20 **ça revient au même** c'est la même chose

XVI

58 2 **quelconque** ordinaire – 9 **une invention** action de créer une chose nouvelle, à laquelle personne n'avait encore pensé – 19 **s'escamoter** disparaître, se cacher – 27 **un confrère** qn qui exerce la même profession qu'une autre personne – 28 **l'oisiveté** *f* état de celui qui n'a pas d'occupation, inaction – **la nonchalance** état de celui qui ne se soucie de rien, apathie

XVII

59 1 **faire de l'esprit** faire étalage d'esprit, dire des choses destinées à impressionner les autres – 7 **serré** très près les uns des autres – 8 **loger** *ici:* trouver une place, tenir – **aisément** facilement – 10 **entasser** mettre en tas (zusammenpferchen) – **un îlot** petite île – 15 **adorer** aimer avec passion – 16 **pensum** [pɛ̃sɔm] devoir supplémentaire donné à un élève pour le punir – 20 **un anneau** petit cercle d'or ou d'argent que l'on met au doigt – 22 **à tout hasard** en prévision d'un événement possible

60 24 **un navire** bateau – 26 **s'enrouler** se rouler autour, enlacer – **la cheville** Knöchel

61 4 **une énigme** discours obscur où l'on donne à deviner qc – 5 **résoudre qc** en trouver la solution

XVIII

61 8 **une fleur de rien du tout** très quelconque, sans aucun éclat

XIX

62 1 **l'ascension** *f* escalade – 4 **un tabouret** petit siège sans dossier – 7 **une aiguille aiguisée** *en montagne:* sommet pointu

64 2 **salé,e** imprégné de sel

XX

64 19 **une espèce** sorte, genre – 23 **faire semblant de** avoir l'air de, faire comme si

XXI

67 6 **apprivoiser** apprendre à une bête sauvage à vivre avec les hommes – 13 **un fusil** [fysi] Gewehr

68 4 **un lien** ce qui attache – 12 **unique** seul en son genre – 19 **intrigué,e** curieux – 32 **ensoleillé,e** rempli de lumière

69 2 **un terrier** refuge d'un animal, creusé dans la terre – 18 **des choses toutes faites** prêtes à être utilisées ou consommées – 26 **un malentendu** parole mal interprétée

70 4 **m'habiller le cœur** préparer mon cœur à te recevoir – 11 **une vigne** *ici:* terrain où pousse du raisin – 22 **tu n'y gagnes rien** ce n'est pas un avantage pour toi

72 17 **abriter** protéger – 20 **se vanter** chanter soi-même ses louanges – 26 **invisible** qu'on ne peut pas voir